Abbé Eugène GRISELLE
Docteur ès lettres

LE
BON COMBAT

PUBLICATION DU
"Comité Catholique de Propagande française
à l'Étranger"

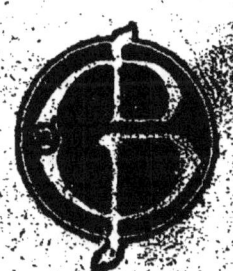

BLOUD & GAY
ÉDITEURS

PARIS   BARCELONE
3, Rue Garancière   Calle del Bruch, 35

1918
Tous droits réservés

BLOUD & GAY, Éditeurs — PARIS

Dans l'Extrême Belgique, par Johannès JOERGENSEN, 1 volume in-16 broché 3.50

Une Campagne française, par Mgr Alfred BAUDRILLART, 1 vol. in-16 broché. 3.50

La Guerre injuste, par Armando PALACIO-VALDÈS, 1 volume in-16 broché . . . . 3. »

Le Mouvement catholique en France de 1830 à 1850, par F. MOURRET, 1 volume in-16 broché 3.50

L'Espagne devant le Conflit européen, par Alvaro ALCALA-GALIANO, 1 volume in-16 broché. 3.50

Silhouettes italiennes de Guerre, par Domenico RUSSO, 1 volume in-16 broché. 3.50

L'Avenir français, *Tâches nouvelles*, par Henri JOLY, 1 volume in-16 broché. 3.50

L'Évolution des Idées dans la France contemporaine, par George FONSEGRIVE, 1 volume in-8° broché . . . . 5. »

Réflexions pendant le Combat, par Georges DUMESNIL, 1 volume in-8 broché. . . . . 5. »

Pour la Croisade du XXe siècle, par Mgr Th. DELMONT, 1 volume in-16 broché. 3.50

La Religion et la Guerre, par l'abbé Jean DESGRANGES, 1 volume in-8 broché. . . . . 2. »

Mois de Marie, par L. GARRIGUET, 1 volume in-12 broché. 3.50

Le Clergé et les Œuvres de Guerre, par J. ERIAU. Prix. . . . . 1. »

La Famille, par Henri COLAS, 1 volume in-16 broché. . . . . 1. »

Majoration temporaire : 20 % des prix marqués

LE BON COMBAT

L'Abbé Eugène GRISELLE

Docteur ès lettres
Secrétaire du Comité Catholique de Propagande Française
à l'Étranger

LE
BON COMBAT

PARIS
LIBRAIRIE BLOUD & GAY
3, RUE GARANCIÈRE, 3
—
1918
Tous droits réservés

A LA MÉMOIRE

Du Commandant MARCEL DEMONGEOT

DU 76ᵉ RÉGIMENT D'INFANTERIE
CHEVALIER DE LA LÉGION D'HONNEUR
DÉCORÉ DE LA CROIX DE GUERRE

*Mort à Saint-Jean de Luz, le dimanche 6 mai 1917
Inhumé au cimetière de Nice*

AVANT-PROPOS

Obligé, par les fonctions de Secrétaire Général du Comité catholique de propagande française à l'étranger, d'écrire chaque semaine deux articles en faveur de notre cause, je réunis ici un choix de ces notes fugitives. Ces pages sont conservées, sans modification et dans l'ordre même de leurs dates, comme des témoignages du combat livré à la propagande allemande dont elles eurent mission de neutraliser l'influence. Il m'est permis de les relire et de les signer sans remords, avec la conscience d'avoir toujours dit la vérité et loyalement servi mon pays. J'ai le regret de les déposer sur la tombe trop tôt ouverte d'un chef de guerre mort au champ d'honneur, une de ces âmes vaillantes dont la droiture et le courage militaire et civique ont sauvé la France et consacré leur vie au bien de tous. Le commandant Marcel Demongeot qui, après sa maladie inguérissable ne pouvait retourner au front, s'était donné tout entier à la belle œuvre d'expansion française qui a nom L'information Universelle, dirigée par M. Victor Marguerite, vient de succomber en pleine force de l'âge,

après avoir travaillé, malgré des souffrances supportées avec une énergie admirable, à la tâche de bon Français qu'il s'était assignée. Servir sa patrie jusqu'au bout a été sa seule ambition. Il est mort sur la brèche. Ceux qui l'ont connu et qui, par suite, le pleurent ont le devoir de ne pas laisser oublier cet homme intègre et modeste qui a vécu toute sa vie son livre si prenant : Citoyen et Soldat (1), *nommé à juste titre* le bréviaire de la nation armée (2).

---

(1) Paris, Flammarion (1902). Voir plus bas, pp. 57-66, § VIII.

(2) M. Victor Margueritte, dans l'*Information universelle* du 14 mai 1917. Il faudrait citer ici en entier l'adieu que le directeur de cette utile revue économique a adressé à son dévoué collaborateur frappé brusquement au moment où il préparait le lancement de l' « Annuaire » ou Catalogue du commerce, de l'industrie et de l'exportation si vaillamment intitulé *France* (in-f° de 263 p.) auquel il s'était appliqué avec une ardeur intense qui hâta sa fin. Après avoir rappelé la belle carrière de son ami, qui « servit pendant quinze ans aux Alpins » et eut l'honneur d'être, à l'Ecole normale, avec son *alter ego* le colonel Eychene, instructeur de tant de héros, M. Victor Margueritte ajoutait : « Jeune chef de bataillon en 1914 et déjà souffrant de la cruelle maladie qui devait l'emporter, il avait tenu, quoique en congé, à ne pas se séparer de ses hommes. Les pénibles marches et les tragiques combats du début de la campagne eurent raison de ses forces. La citation suivante (couronne sur une tombe) consacre ce simple sacrifice : « En congé pour maladie grave, est venu volontairement prendre le commandement de son bataillon, a donné à la tête de son unité un bel

Combien je voudrais n'avoir point à dédier « à sa mémoire » ce recueil ! Je me faisais une fête de le préparer pour son retour que je m'obstinais à espérer prochain. Tout est fini maintenant, me dirait-il. Non, je persévère à penser que les richesses de cette âme d'élite qu'il suffisait d'entrevoir pour l'aimer, ne sont pas ainsi périssables. Ces morts-là, dont la France vit, ne peuvent disparaître pour toujours. Les hécatombes de ces « entraîneurs d'âmes » auraient été trop atroces si rien n'en devait rester « que la trace de leurs vertus ». Il leur est dû meilleure récompense. Mais c'est nous qui, privés de leur présence et de la joie de les revoir ici-bas, souffrons le plus vivement de les perdre. Notre austère devoir en même temps que notre consolation est de continuer leur œuvre dans la mesure de nos forces, sûrs par là de répondre à leur vœu le plus cher et d'obéir au conseil que leur vie a traduit jusqu'au dernier battement. Travaillons, comme eux et toujours avec eux. Il ne faut pas qu'ils cessent d'être près de nous.

exemple de courage et d'énergie jusqu'au moment où le mal l'a définitivement terrassé ».

« Il subissait en 1915 la gastro-entérostomie, et devait dès lors renoncer à la carrière qu'il aimait et qu'il eût illustrée. Il nous donna depuis toutes les ressources de son esprit d'organisation et de méthode. »

Enfin, rappelant « l'admirable livre publié il y a quinze ans », M. Victor Margueritte rend hommage à ce collaborateur qui « laisse le souvenir de la plus haute intelligence et du plus noble cœur ».

C'est sous la garde de ce « disparu » très cher que je place les essais écrits de son vivant et ceux également que chaque semaine y ajoute, tant que dure l'âpre nécessité de mener le bon combat. Cette nécessité ne finira point avec la guerre. Le commandant Demongeot l'avait compris, puisque le labeur de ses derniers mois, interrompu, croyait-il, par dix jours de repos nécessaire, s'appliquait ardemment au travail d'après guerre et aux problèmes économiques. C'est une fierté pour moi et une force d'être entré dans sa pensée et d'avoir vibré des mêmes espérances. Aussi ai-je le droit d'écrire cet avertissement à l'heure où je viens d'apprendre sa mort. Que le nom de ce soldat sans reproche, de cet homme intègre et si profondément bon, préside à la lecture de ces feuilles éphémères, inspirées par les mêmes sentiments qui ont guidé jusqu'à son terme la féconde et trop courte carrière du commandant Marcel Demongeot, et qu'il entende, de trop loin, hélas ! cet hommage d'une amitié très douloureusement affectée, mais non brisée par sa disparition !

Sèvres, le vendredi 11 mai 1917.

I

ANNIVERSAIRE (496-1916)

L'Allemagne aime les anniversaires. Nous aimerons à nous rappeler qu'il y a vingt ans et quatorze siècles, en la nuit de Noël, dans la basilique de Reims aujourd'hui dévastée, mais debout comme un témoin rigide, fut célébré le baptême de la France chrétienne.

Quand saint Rémi fit chrétien et sacra roi des Francs le vainqueur des Germains battus à Tolbiac par l'invocation « au Dieu de Clotilde », une ère nouvelle commençait. La barbarie reculait et le barbare, vainqueur des barbares, le fier Sicambre qui s'inclinait devant ce qu'il avait méprisé devait, lui et ses descendants encore farouches, subir l'ascendant de l'Evangile.

Notre poète, celui des désenchantements, des chants désespérés, mais aussi des sursauts fiers et rapides, le Musset de la réponse au Rhin allemand a écrit ce vers tant cité que chaque nuit de Noël évoque et invite à commenter :

« Une immense espérance a traversé la terre ».

Appliqué à son objet, ce vers reste faible ; car l'espérance est le terme des désirs universels des peuples, le Messie attendu pendant une si longue suite de siècles fait plus que partager le monde en deux zones et instituer une ère nouvelle ; il n'a pas seulement traversé la terre : il y a demeuré, il y vit, et c'est la civilisation apportée et prêchée par lui que défendent aujourd'hui, contre la nouvelle invasion des Barbares organisés, les Alliés levés pour la défense du Droit.

La revanche de Reims, comme celle de Verdun, de la Somme et de l'Yser a marqué les réactions salutaires qui ont fermé à l'Allemagne cette route de Paris demeurée son espoir et son rêve, et le troisième Noël de la grande guerre est vraiment l'aurore de la paix par la victoire. A des dates séculaires, leur cri de ralliement, qu'il s'agisse des adversaires de Clovis, des hordes d'Attila, des reîtres d'Othon fut, sans varier : *Nach Paris*.

On lisait sous la rubrique *Nouvelles* dans le numéro du mardi 18 août 1870 de *Paris-Journal* :

Non ce n'est pas une facétie, ni une jactance. Ils croient sérieusement à Berlin qu'ils n'ont qu'à pénétrer en France pour entrer à Paris.

On nous affirme qu'un négociant de Paris ayant envoyé à Berlin une facture à acquitter, a reçu ces jours-ci, en réponse de son correspondant, ces simples mots :

« Les Prussiens seront à Paris du 15 au 25 août. J'arrive avec eux et vous payerai sur place ».

Nous savons les Prussiens pleins de morgue. Nous ne les croyions pas impudents à ce point...

Plusieurs commerçants de Paris de nos amis, qui n'ont aucune relation avec Berlin, ont reçu hier des lettres de cette ville, sans signatures, non affranchies, et dont l'écriture est d'une autre main que celle qui se trouve sur l'adresse.

Ces lettres, toutes d'un même contenu, disent que la Prusse n'en veut ni à la France, ni au commerce français, dont elle respectera les transactions, mais seulement au gouvernement impérial.

Il est à observer qu'en même temps les journaux officieux berlinois de M. de Bismarck déclarent que la nation allemande a pris les armes pour mettre fin à l'ascendant fastidieux et prétentieux « des Français et qu'elle ne les déposera que le jour où la France affaiblie, humiliée ne sera plus en état de nuire à l'Europe (lisez à la Prusse) ».

Ces souvenirs de 1870, nous les avons vus se renouveler avant la bataille de la Marne, et il ne nous déplaît pas de nous rappeler les fanfaronnades qui promettaient au monde la Grande Revue de Longchamp passée par Guillaume II.

Si les temps sont changés, ce n'est pas une raison pour l'Europe préservée de se laisser prendre aux suggestions de paix prématurée qui se répètent. Elles pourront faire bloc, sans que ceux dont les yeux ont vu de près la Kultur, ceux dont le sang a coulé sur le rempart du Droit, se laissent duper. Car

ce bloc enfariné ne *leur* dit rien qui vaille.

Et les conseils viennent tard sans doute, après tant de notes platoniques où l'on refusait poliment de dirimer les questions d'humanité et de droit international. Les Alliés maintenant pourront légitimement répondre le mot cité dans 'Evangile : *Quis te constituit judicem ?*

De quel droit jugeriez-vous aujourd'hui, vous qui refusiez jadis à prononcer sur la Belgique violée ou Reims en flammes ?

La vérité, la réalité contre quoi ne prévaudra nulle erreur, même involontaire, c'est que l'agresseur ne peut être mis sur le rang des victimes, c'est que l'Allemagne dont la faillite morale est consacrée par de flagrantes violations de sa signature ne peut, ne doit plus être admise à *ester en justice*, comme si sa signature ou sa parole pouvait compter encore.

Et la sanction, la leçon des ruines de Reims et de Louvain, la réponse à l'esclavage organisé des peuples envahis, c'est que la paix doit être dictée et non débattue devant arbitres.

La paix, selon l'antique et profonde définition de saint Augustin, c'est la tranquillité de l'ordre.

C'est donc à rétablir tout d'abord cet ordre qui s'emploiera, que s'organise de plus en plus la police des Alliés. La désarmer par un armistice pour entrer en conversation avec les malfaiteurs est un acte de folie que l'Europe civilisée paierait trop cher.

On chante à chaque anniversaire de Noël, avec l'annonce de la paix aux hommes droits et honnêtes, le baiser de la justice et de la paix : *Justitia et pax osculatæ sunt.*

La justice a maintenant son mot à dire : qu'on laisse passer les justiciers, qui vengent les opprimés et les victimes de la *Kultur* et qu'on ne permette pas aux assassins de reprendre souffle pour un coup plus heureux. Les héritiers du baptisé de Reims de Noël 496 sont résolus à poursuivre jusqu'au but : *Réparation et garanties.*

25 décembre 1916.

II

UNE ŒUVRE D'EXPANSION ÉCONOMIQUE

Ne laissons pas finir 1916 sans rappeler que ses derniers jours évoquent les débuts, vieux d'une année déjà, d'une excellente initiative qui intéressera, parmi les nations frontières de notre pays, notre ancienne et fidèle alliée, la Suisse.

Le 15 décembre 1915, M. Victor Margueritte avait lancé le premier numéro de l'*Information universelle* destinée à « nouer des relations plus étroites, une réciprocité d'intérêt entre le commerce français et le commerce sud-américain. Ce mot de commerce étant pris dans son acception la plus vaste et la plus élevée, en même temps que dans les détails les plus pratiques ».

Que ce programme ait été tenu, il suffit, pour s'en convaincre, de parcourir les numéros si pleins de faits, d'idées fécondes et de généreuses suggestions qui forment le premier volume de cette publication hebdomadaire. Patriotique au premier chef et l'un des instruments efficaces de la lutte économique ouverte par le rêve de la *Mittel Europa* qui survivra sans doute à la guerre dans les Empires centraux, cette œuvre, trop peu connue, intéresse et doit intéresser à la fois les commerçants, les financiers, les savants et cela, non seulement en France, mais dans le monde entier des Alliés ligués pour la civilisation et la liberté des peuples.

Or il faut l'avouer en effet, malgré des relations devenues plus fréquentes avec les grandes républiques de l'autre continent, nous étions, en France surtout, trop loin de ces terres privilégiées qui se souviennent tant de nous, mais eussent fini par nous oublier, la perfidie allemande y aidant de toutes ses forces. Sans doute, les voyages de plus d'un de nos hommes d'Etat, — tels celui de M. Georges Clemenceau en Argentine, Uruguay et Brésil dont les notes publiées en 1911 par la librairie Hachette avaient paru d'abord dans l'*Illustration*, et les tournées d'études et de conférences de M. Victor Margueritte dans le nouveau monde latin, bien avant l'ouverture du conflit, — avaient ouvert la voie. Nous n'en étions plus à découvrir ces Républiques, où tant de souvenirs se rattachent à nos sympathies anciennes. Nous avions fait quelques progrès sur l'époque de Charles X et de Louis-Philippe, où la France, sans se désintéresser des événements d'Outre-Océan, les suivait à une distance vraiment excessive.

Veut-on quelques exemples, il en est de typiques et assez réjouissants pour ne pas dire d'une ironie plutôt triste, de ceux qui nous ont fait définir, nous autres Français, comme faisant profession d'ignorer la géographie.

On lisait au *Moniteur Universel*, du 6 janvier 1830, les décrets pour le cabotage publiés à Quito le 15 mai 1829 par « Simon Bolivar, libérateur, président, etc. » La notification n'était pas prématurée et nos armateurs ou négociants français pouvaient déjà, sans doute, avoir appris à leurs dépens les dispositions promulguées là-bas six mois auparavant.

Mais il y a mieux encore : le numéro du 11 avril 1836 de ce même journal officiellement chargé de renseigner les Français, publie, intégralement du reste, les onze articles d'un décret du président de la Bolivie précédés de cette phrase :

« Le général André Santa-Cruz, président de la république de Bolivie, désirant encourager la formation des établissements industriels dans ce pays, a rendu le 27 janvier 1835 un décret, etc. »

Du 27 janvier au 11 avril de l'année suivante, il s'était écoulé un nombre respectable de mois et notre *Moniteur* avait du moins la candeur de ne pas dissimuler son peu d'empressement.

Ce sont là, heureusement, méthodes et faits

d'histoire ancienne, et si, avant la guerre, il nous restait encore à progresser, nous ne sommes plus à ces lenteurs. Aussi bien, même en dehors de l'*Information universelle* et de ses bulletins quotidiens, nos amis de l'Amérique latine savent ce qui se passe chez nous, comme nous connaissons en détail la vie intense de ces régions si riches et si actives sur lesquelles l'Allemagne avait tenté de mettre l'embargo.

Personne ne doute là-bas, comme le disait hier encore M. Mélot, député de la province de Namur, récemment revenu d'un voyage en Amérique du Sud, de la victoire finale et prochaine des Alliés et personne n'ignore la vérité sur la conduite des Allemands sans se laisser prendre aux mensonges hypocrites de leur propagande.

Mais la lutte économique n'en sera pas moins vive. Les Allemands demeurés dans leurs maisons de commerce ont continué leurs transactions, en se ravitaillant aux Etats-Unis et il faudra les concurrencer sur les marchés, il faudra utiliser les sympathies acquises, et pour cela redoubler d'efforts, pour achever notre victoire.

Il nous importe donc de multiplier nos relations en Amérique, et suivant la devise de l'*Information universelle* : « se faire mieux connaître pour se faire mieux apprécier », de visiter souvent nos amis de là-bas, de nous tenir en contact avec eux.

La Fédération des Amitiés franco-étrangères vient de souligner cette importance. Son Comité *France-Amérique Latine* dont le programme figurait dans l'*Information universelle* du 6 décembre, nous présente un Comité de direction auquel on peut faire confiance. Qu'on nous permette de saluer parmi les « membres intellectuels » présidés par M. Edmond Rostand, de l'Académie Française, « les noms des quatre vice-présidents : Mgr Baudrillart, MM. Henri Lorin, Victor Margueritte et Edmond Perrier ».

Ce choix, sanctionné dans l'assemblée du 19 décembre, était une des meilleures manières de fêter l'anniversaire du premier numéro de cette revue.

Chaque semaine, elle continue de nous rapprocher de l'Amérique latine, ou pour mieux dire, de nos amis du monde entier.

Le groupe des Amitiés franco-suisses compte assez d'adhérents pour qu'il leur soit demandé de lire et de propager cet organe d'expansion économique.

Tout bon Français, tout ami de notre pays, s'intéressera sans aucun doute à cet échange de communications entre notre république et celles de l'Amérique méridionale. Il y a plus que jamais urgence.

M. Victor Margueritte écrivait il y a un an :

« Si longue que doive être encore la guerre, les minutes nous sont comptées et d'autant plus comptées que nos sacrifices irréparables de vies humaines sont plus lourds ».

Ces lourds sacrifices ne se sont pas allégés au cours de l'année qui s'achève. La nécessité presse donc plus encore de ne pas laisser inutile tant de sang répandu. Y manquer serait trahir le dernier vœu des morts et l'espoir des survivants. Le mot d'ordre légué par le vieil Empereur romain : *Laboremus, au travail*, demeure celui des peuples. C'est aussi celui de Jeanne d'Arc et de la France. *Vive Labeur !*

29 décembre 1916.

III

ANNÉE NOUVELLE ET VIEUX PROVERBES

Que sera l'année qui commence ? Il suffirait, pour n'avoir pas envie de risquer des pronostics, de relire les premiers numéros de certains grands journaux du matin ou du soir parus l'an dernier à pareille époque.

Aussi bien il y a belle lurette que les conquérants modernes ne disent plus, l'orgueil ayant cessé d' « illuminer » leur ardente prunelle :

« L'avenir, l'avenir, l'avenir est à moi ! »

Nul n'a besoin de leur répondre que l'avenir n'est à personne. Ils se tiennent dûment avertis que le coup manqué ne peut plus être réalisé désormais et, pour employer la phrase authentique des Alliés : « Ayant cru atteindre leur but en deux mois, les agresseurs s'aperçoivent après deux ans qu'ils ne l'atteindront jamais ».

Des deux côtés de la barrière des tranchées on sait à quoi s'en tenir et on veut agir d'après ce qu'on sait. « Plus que jamais nous sommes assurés de la victoire, m'écrivait un officier du front. » Peut-être un officier allemand écrit-il de sa part avec la même assurance. Je n'ai pas sous les yeux des documents pour ou contre et, si assuré que je sois de l'issue du formidable conflit, j'aime mieux, au lieu de dates plus ou moins précises que les successeurs de Mme de Thèbes ne vont pas manquer de nous servir au début de l'année nouvelle, apporter quelques-uns de ces vieux proverbes où s'est cristallisée la « sagesse des nations » et la séculaire expérience de la vie des peuples.

Il en est un sans doute contre lequel personne ne s'insurge, encore que plusieurs l'expliquent à leur manière. C'est une affirmation de la providence ou de son pseudonyme, le hasard.

« L'homme s'agite et Dieu le mène. » Tous font écho à cette parole de Fénelon, bien que bon nombre de publicistes trompés par cette formule frappée en médaille s'obstinent à en faire honneur à Bossuet.

Mais ce que pourrait contenir de fatalisme un peu trop résigné l'intelligence incomplète de cette mystérieuse action sur le jeu de la liberté humaine, a été corrigé depuis longtemps par un autre axiome de profonde philosophie populaire qui exprime l'idée du devoir quand même.

Fais ce que dois, advienne ce que pourra.

Les éventualités possibles, si nombreuses et si diverses, sont largement envisagées, mais ne dérangent rien de la déclaration primitive.

Plus imprégnée de christianisme et faisant écho aux âges de foi perdus aujourd'hui dans le recul des siècles, la même phrase se traduisait par les mots : « Aime Dieu et va ton chemin ».

Elle donne le même son, celui de la résolution ferme, de la volonté tenace du but à conquérir sous sa forme moins confessionnelle : *fais ce que dois*.

Or ce qu'elle doit faire, la France et avec elle la coalition des Alliés, elle le fera pour que l'année soit bonne, pour que la victoire advienne, pour que le résultat de tant de sacrifices ne soit pas compromis.

Aussi non contente de vœux platoniques ni des congratulations de télégrammes officiels échangés entre les gouvernements, d'accord avec la déclaration unanime qui vient de répondre à la dernière manœuvre de guerre, l'Entente exécutera cette année cette « opération de police sanitaire qui doit libérer l'Europe du cauchemar allemand ».

Elle a renouvelé le pacte de Londres, elle a répété, sur les réparations dues à la Belgique violée, ce qu'elle devait dire en réplique aux persistantes hypocrisies tudesques.

Tout homme éclairé pense que Guillaume II,

si toutefois l'orgueil, même déçu, lui laisse quelque sentiment humain, à défaut d'honneur, changerait volontiers de rôle aujourd'hui avec Albert Ier qui, pour avoir tenu des serments, n'est provisoirement que le roi de l'Yser et n'a pour capitale que La Panne et l'enclave du Havre.

Les plus fervents admirateurs de la force allemande, ceux même qui au début prenaient en pitié la folie du peuple belge d'avoir résisté au colosse, sont convaincus que la « misérable armée anglaise » n'a pas dit son dernier mot.

A mesure que se développe la logique de « la justice immanente » et que les nations se sentant plus près du gouffre de la guerre, aspirent davantage à voir cesser la lutte, il apparaît plus nécessaire aux Alliés de finir jusqu'au bout leur œuvre. Le devoir, tout tracé, se précise et s'affirme.

Enfin, pour terminer par une vaillante devise de l'antique sagesse des générations : *aide-toi, le ciel t'aidera*, les coalisés de la justice et du droit sont déterminés à prendre, de leur côté, toutes les mesures pour que le Dieu de Frédéric II et de son dernier héritier qui, favorise, à les en croire, les escadrons les plus nombreux et les plus gros canons, sanctionne la justice de leurs armes.

Le ciel aidera nos efforts, qui ne peut approuver la violation des serments, qui maudit les impostures, condamne l'esclavage et réprouve les blasphèmes avec lesquels nos adversaires prétendent couvrir, de son nom, leurs défis à la civilisation chrétienne. Aidons-le, aidons-nous. Loin de nous dispenser de l'action, le vieux proverbe nous y provoque : il nous appelle à l'union, à l'énergie concordante des sacrifices nécessaires.

Aidons cette puissante directive des événements qu'est la providence secondée par un méritoire concours de la liberté humaine. Au seuil de l'année nouvelle, ces vénérables adages d'autrefois valent tous les pronostics.

Ils traduisent notre résolution, expriment notre énergie et groupent, comme une devise de combat et un cri de ralliement, la concordance de nos pensées et l'unité de notre but.

Achever la guerre pour assurer la paix. C'est un programme clair pour l'année qui s'ouvre, enfermé dans les vieux proverbes :

Fais ce que dois.
Aide-toi pour que le Ciel t'aide.

1ᵉʳ janvier 1917.

IV
LÉGISTES... ET ÉGOISTES

« Il est encore des fonctionnaires qui ne se doutent pas que les lois de la guerre ne sauraient être celles de la paix. C'est un grand malheur. »

Ainsi se terminait une des excellentes chroniques de Pierre Mille, sur *Arras, la ville assassinée*, dans le *Temps* du 31 décembre 1916.

La plainte qu'on lui a permis d'exprimer, car on ne lui a pas laissé tout dire, ce n'est pas faire œuvre de malsaine propagande de la répéter. Signaler les abus, sans se lasser, flétrir les inconscients ou les malfaiteurs qui en vivent et les maintiennent, c'est faire besogne de bon patriote. Dénoncer le mal, quel qu'il soit et où qu'il soit, c'est servir la cause du bien et celle-ci est internationale.

Sans doute, ainsi le voudrait le trivial et pratique proverbe, il est certaines lessives qu'on fait chez soi, et des critiques que les journalistes français réservent volontiers à leurs lecteurs de France.

Pourtant dès que l'abus déborde les frontières et que ses effets désastreux ne se renferment plus au dedans, il est légitime, il est français de le poursuivre en tout pays. Or peut-on dire que bon nombre de méfaits du fonctionnarisme, du favoritisme et des multiples manifestations du protéiforme *égoïsme* qui se retrouve en tout pays de l'« hommerie », ne sévissent que chez nous ?

Nos Alliés, comme nos adversaires, en souffrent et les travailleurs, les producteurs, les gens honnêtes et probes ont à déplorer la scandaleuse exploitation de leurs efforts par quelques profiteurs pour qui le mot patrie est une rengaine usée et chez lesquels aucun sentiment ne subsiste que celui de jouir et tirer parti de tout au détriment de tous.

Une ligne universelle contre ces *frelons* se pourrait fort bien superposer à la guerre, ou pour mieux dire, il y a en tout pays, belligérant ou neutre, une commune indignation contre les oisifs et les traitants qui vivent des angoisses ou des privations d'autrui et les voient croître sans déplaisir. Il serait donc aisé de provoquer une entente. Ce n'est point à cela pourtant que visent ces réflexions. Elles se bornent à constater que les *desiderata* critiqués chez nous et que la censure n'a pas toujours desservis, sous prétexte de limiter le nombre des plaintes, n'entament en rien le moral de notre nation, et ceci est bon à montrer au dedans comme au dehors.

Un peuple qui réclame contre les abus, qui crie sa soif de réparation, qui demande la punition des accapareurs est un peuple sain et vigoureux.

Il consent à payer l'impôt du sang et celui de l'or, mais il veut aussi qu'on demande des comptes à ses exploiteurs, témoin ce qu'écrivait hier, dans l'*Œuvre Française*, M. Urbain Gohier :

« Quand on crée 700 millions d'impôts nouveaux, il faudrait recouvrer les centaines de millions volés au peuple français par des fournisseurs malhonnêtes et par des administrateurs complices.

« J'ai proposé, dans le *Journal*, l'établissement d'une chambre de justice pour les recouvrements.

« On ne prescrit pas contre l'Etat. Nous pouvons rechercher et reprendre ce qui nous a été pris depuis l'autre guerre.

« Feuilletons l'histoire politique, financière, judiciaire de ces trente dernières années : nous trouverons à reprendre les milliards.

« Il semble que c'est le moment ou jamais, plutôt que de pressurer les honnêtes contribuables. »

La besogne malsaine de certains *légistes* funestes qui, dans leur formalisme étroit de bureaucrates, éternisent des abus dont ils vivent, nous la connaissons, mais c'est pour la flétrir hautement. Nul ne l'a fait avec plus d'énergie que M. Joseph Reinach.

« Nous croyons, écrivait-il, que nous sommes gouvernés tantôt par tel parti, tantôt par tel autre. Nous sommes gouvernés par des bureaux à la solde d'un mystérieux syndicat de marchands de papier.

« Il faudra une révolution plus profonde que celle de 89 pour nous débarrasser de la routine administrative. Il en faudrait une autre pour nous délivrer du favoritisme (1). »

Et décrivant cette plaie dont la guerre même n'a pas encore réussi à nous guérir, le très compétent rapporteur du service de santé ajoutait :

« Il a été fait, je tiens à le dire, un très sérieux effort, mais l'apostille a reparu. La recommandation s'est faite, ingénieusement, scientifique ».

Nous savons donc et nous flétrissons tout haut les méfaits de ce souci, de la « clientèle » et des préoccupations électorales qui entravent l'action salutaire du patriotisme tendu vers la « libération du territoire », vers la paix victorieuse que la patience tenace et le dévouement laborieux de chacun devront conquérir.

Aussi les sursauts irrités contre les abus, contre les embuscades odieuses sont le meilleur signe de la santé populaire. Le pays veut servir, mais il ne veut être ni asservi, ni exploité, ni

---

(1) Le service de santé pendant la guerre p. 9. (*Pages actuelles*, n° 63-64).

écœuré par le spectacle de certaines oisivetés criantes. *Tous à l'œuvre et chacun à sa place.* Ce cri de ralliement contre le formalisme encouragé par une routine buraliste plusieurs fois séculaire, c'est en somme l'expression de l'unanime dévouement des Français révoltés contre les exceptions de l'égoïsme. On en peut avouer sans honte les multiples manifestations. Elles font honneur à qui, sans se lasser de protester et de s'indigner, empêche ainsi de prescrire les lâches compromissions et renie les mauvais citoyens qui assistent, repus et satisfaits, aux souffrances que leur avidité exploite ou que leur inconscience méconnaît. Ronds de cuir ou profiteurs sont également odieux, et la France le leur crie en toute justice.

Cette lassitude, cette impatience générales me semblent avoir été traduites par deux journaux d'inspirations bien différentes, l'*Echo de Paris* et la *Victoire*, qui s'accordent à demander, l'un, des sanctions pour les responsables, l'autre, l'exclusion des incompétents. Laissons-leur le soin de conclure.

Lysis écrit dans *La Victoire* :

« On reparle d'abolir la diplomatie secrète, laissant entendre que les guerres n'auraient pas lieu si les tractations des peuples se faisaient au grand jour et s'il était donné à ces derniers d'intervenir dans les négociations, sinon directement, au moins par l'entremise de leurs représentants au Parlement.

« Flagornerie de laisser croire à l'électeur qu'on interroge déjà sur toutes sortes de questions, militaires, économiques, administratives, financières, étrangères à sa compétence, qu'il est à même de conduire aussi sa politique étrangère en connaissance de cause.

« Autre flatterie de dire aux peuples qu'ils sont foncièrement pacifiques et ne disputeraient jamais, s'il n'y avait pas de mauvais gouvernements, pour semer entre eux les divisions.

« Quand en finirons-nous avec ces inepties ?

« Les peuples appartiennent à des races, ils ont leurs qualités, leurs défauts comme les individus, il y en a de doux, de méchants, de francs, de rusés, de bons, de vicieux.

« L'examen des réalités mène à des conclusions bien différentes de celles que préconise le vieux socialisme. Le développement des relations économiques détermine une extension croissante des rivalités des peuples et fait surgir une foule de questions spéciales dont il est impossible aux citoyens ordinaires de comprendre la portée. Loin d'accroître le domaine de l'incompétence, il faut de toute nécessité le diminuer. »

A cette déclaration conforme au bon sens et

amenée par l'évidence d'événements très douloureux, il faut joindre le désir inné de justice qui réclame des sanctions sévères pour ceux que leur incompétence n'a pas détournés des charges et qui n'en ont voulu prendre que les profits.

Citons ici l'*Echo de Paris* :

« Il n'y a, en fait, dans les grands services publics, d'où dépend le salut de l'Etat, ni responsabilités véritables, ni sanctions d'aucune espèce. Or, c'est dommage : et non que les humbles concitoyens d'un ministre ou d'un important directeur soient curieux de marquer par de rudes châtiments leur honnête rancune : mais la sécurité abusive de nos maîtres et employés a de fâcheuses conséquences. Tel qui ne connaît rien du tout à un tel emploi ne renonce pas, pour le futile motif de son ignorance, à le réclamer ; que risque-t-il au bout du compte ! Il est au pouvoir, il est en place ; le plus pénible serait alors de n'y pas rester longtemps : il prolongera son aubaine autant que possible.

« Il ne faut pas se le dissimuler, le pays est las, très las, de ces pratiques indulgentes et onéreuses. L'époque où nous vivons a montré, dans les plus formidables conjonctures, l'influence bonne ou détestable des individus. Nous savons comme jamais que tant vaut l'homme et tant vaut la besogne.

Gare à qui revendique l'honneur et non la fatigue de la besogne ! Le temps des joyeuses et profitables sinécures passe : Le pays demande que les folies ou les paresses qui lui ont coûté cher coûtent quelque chose, en outre, à ces messieurs. »

Ces très légitimes exigences d'un peuple résolu à s'assurer la paix, il est réconfortant de les publier et chez nous et chez les autres. Nos amis nous en estimeront davantage.

5 janvier 1917.

V

LA RÉPLIQUE DU DROIT

Il y a deux jours, à la fin d'une apologie de « la presse », qui en dépit de certains écarts, a montré une belle tenue, Abel Hermant écrivait dans l'*Intransigeant* du samedi 6 janvier :

« On s'est amèrement moqué de nos chimères, et on a bien voulu nous avertir que les neutres se paient, révérence parler, notre tête, lorsqu'ils lisent dans nos journaux que nous luttons pour les droits des plus faibles et pour la liberté du monde.

« Nous avons lu, nous, cette semaine, une page splendide d'Edison, qui tendrait à prouver que, précisément pour ce motif, il est au moins un neutre, et non des plus méprisables, qui ne nous accable pas de ses mépris. »

A l'éloge motivé écrit par Edison, il convient de joindre certaines déclarations historiques, faites au pays du droit romain et qui éclairent singulièrement notre affirmation réitérée et hautement maintenue de combattre pour la justice et pour l'affranchissement de toutes les oppressions.

A Milan, le 13 novembre 1914, à l'occasion d'une conférence donnée par M. Mélot, le député catholique de Namur, M. Meda, aujourd'hui ministre et répondant au nom d'un groupe considérable de catholiques italiens, prononçait ces inoubliables paroles :

« La question de la Belgique mérite d'être considérée en soi, parce qu'elle représente un principe sans lequel aucun rapport social n'est convenable : le principe que le *droit international doit reposer sur le respect des traités, comme le droit civil repose sur celui des contrats* ».

Ce n'est donc pas sans raison et par hasard que la réponse collective des Alliés à la suggestion de paix allemande a insisté, dans la conclusion formelle qui repousse la paix prématurée, sur le cas de la Belgique.

Déjà, longtemps avant le conflit et flétrissant d'avance l'agresseur quel qu'il fût, M. Tittoni, en 1906, en qualité de ministre des Affaires étrangères, avait proclamé :

« Qui oserait envisager sans un sentiment d'horreur les conséquences terribles d'une guerre entre les grandes puissances européennes? Qui, sans un éternel remords, voudrait exposer légèrement son pays à une guerre non nécessaire ? Si malheureusement, une guerre devait éclater entre les grandes puissances, on pourrait, selon moi, en résumer les conséquences en ces mots : *la faillite de l'Europe* (1).

Il faut aujourd'hui d'après les faits, et selon l'histoire, compléter la formule : c'est la *faillite de l'Europe Centrale qui est décrétée.*

Ils ont beau, maintenant, les deux complices, épouvantés de leur forfait, essayer de secouer ce sang et répéter obstinément leur audacieux mensonge : « Je n'ai pas voulu cela ! ». Ils ont beau se cramponner à la légende forgée par eux à l'usage de leur peuple *de l'Allemagne attaquée,* encerclée, victime innocente de la conjuration d'un monde jaloux. Il est des faits, des aveux, des cyniques déclarations de la première heure, — celle où l'on comptait sur l'absolution de la victoire — que rien ne peut plus retirer, et c'est de là que procède l'unanimité des Alliés à refuser une paix que des traités allemands ne peuvent garantir.

« Que la paix acquise par la victoire, déclare S. E. M. Tittoni, ne soit pas *une* paix, mais bien la paix, pure de tous germes de guerres, la paix

---

(1) « Le Jugement de l'histoire sur les responsabilités de la guerre », par TOMMASO TITTONI (*Pages actuelles*, n° 96-97, p. 33.)

assise solidement sur les principes de nationalité et de justice internationale (1). »

Voilà le sens profond du pacte de Londres, scellé à nouveau par la note collective des Alliés qui ne peuvent plus — les faits sont là — se fier aux paroles allemandes. Ceux qui, morts aujourd'hui ou survivants, peu importe — les morts nous lient encore plus « que les autres » — « ont lutté non pour la proie, comme des Barbares, non pour la domination insolante et cruelle comme nos adversaires, mais pour la liberté contre la tyrannie, pour la foi des traités contre la perfidie, pour la paix contre la guerre », ce sont les belles paroles d'Anatole France), ceux-là ne peuvent accepter un traité négocié par l'Allemagne : ils ne croient plus que leur droit suffise si la force prussienne qui nie le droit n'est pas brisée.

Ils entendent faire et dicter la paix à leur heure, ensemble et jusqu'au bout, entraînés, par la logique inéluctable des faits et des principes, à obtenir leurs garanties, leurs sanctions, sans qu'il soit au pouvoir d'aucun « spectateur de cette lutte » de hâter l'heure du règlement définitif tel qu'il doit être imposé par la force aux hommes de proie qui ne reconnaissent que le droit de la force.

(2) *Ibid.*, p. 25.

Les « comédies » plus ou moins hautes qui tragiquement prétendent attribuer aux Alliés la responsabilité de la *nouvelle* guerre ne tromperont que qui voudra bien s'y laisser duper. C'est la guerre du droit qui continue.

Elle continue, et il le faut, parce que les adversaires de cette Allemagne qui justifie les violations de frontières du commode prétexte de la nécessité doivent être à jamais rendues impossibles.

Fénelon, dans une de ses charmantes fables en prose, a montré la mort de ce félin qui, entré dans une garenne, essaie encore, près du cadavre de ses premières victimes, de s'assurer de nouveaux avantages et par des larmes feintes de tromper les survivants du massacre.

Mais frappé d'un trait vengeur, il expire en énonçant cette « morale de la fable » :

« Quand on a une fois trompé, on ne peut plus être cru de personne. »

L'application de l'apologue est aujourd'hui trop aisée pour qu'on s'étonne de la déclaration par laquelle les Alliés ont riposté à la « note des empires centraux ».

« Il n'est pas temps encore. » « La guerre du droit continue. »

8 janvier 1917.

VI

LARMES ET MENACES

L'Allemagne se pose en victime et déplore l'effusion du sang; l'Allemagne veut faire peur et proclame un renouveau d'atrocités. Tour à tour elle use du jeu des gémissements et pleure sur le sort des siens et lance des déclarations d'une guerre sans pitié. Cette guerre ne nous changera pas de ce que nous avons vu.

Avant de nous apitoyer sur les souffrances de leur peuple, avant d'inviter leurs ennemis à ne plus se battre, par amour de l'humanité, les bourreaux des Belges, des Serbes, des Arméniens devraient tout d'abord regretter leurs crimes et non pas déclarer tragiquement que le sang versé retombera sur autrui. Il est bien tard de s'en laver les mains même avec des trémolos dans la voix.

Quant à leurs manœuvres d'intimidation, c'est le cas de redire avec Albert de Mun : « Les menaces n'ont d'effet que sur les cœurs mal affermis ou sur les consciences troublées ».

Ce n'est pas notre cas. « Nous avons quand même grand espoir et beaucoup de courage, la délivrance viendra ».

Qui parle ainsi ? Un soldat enivré du dernier triomphe, un héros de Verdun ou de la Somme ? Non pas ; mais une des victimes écrasées depuis deux ans sous le talon du vainqueur de la Belgique, un de ces civils que foule et tracasse à l'aise et sans danger, grâce au rempart des baïonnettes, le fameux von Bissing. Car ces paroles énergiques sont la conclusion du rapport d'un Anversois sur l'état lamentable de la population de la ville captive.

Les *Informations belges* qui la publiaient, le 12 janvier, d'après le *Belgische Standart,* abondent en preuves du même genre.

Toujours à côté de l'extrême misère que sont chaque jour contraints de décrire les rapports authentiques qui racontent les exploits allemands rénovateurs de l'esclavage, se dresse la résolution farouche des opprimés demandant la paix par la seule victoire et réclamant qu'on les venge.

Les menaces n'ont prise sur aucun des défenseurs du bon droit, et la force ne prime ni ne prescrit contre la justice.

Et de quoi donc aurions-nous peur ? Le mot de l'héroïque femme serbe pleurant sur ses morts fustigera toujours les assassins : « Qu'importe les feuilles et les branches qui tombent, pourvu que l'arbre reste debout ! » L'arbre reste vivace.

« Chateaubriand rapporte qu'un jour debout au milieu des ruines de Sparte, il voulut essayer de leur faire redire quelque chose de leur gloire passée : il jeta aux quatre coins de l'horizon le grand nom de Léonidas, et l'écho ne lui répondit que par le silence. »

Albert de Mun, qui citait le trait dans un de ses discours en 1879, ajouta que nous n'avons pas à craindre chez nous de semblables déceptions.

« L'Eglise, continuait-il, a laissé sur notre terre de France un sillon profondément tracé, que la poussière des âges est impuissante à combler. »

On l'a vu assez durant la grande guerre pour que des rodomontades, d'où qu'elles viennent, ne puissent ébranler personne. L'accord unanime de tous les Français a fait reculer un ennemi plus redoutable qu'il ne peut l'être aujourd'hui après deux ans et demi de guerre, même à tenir compte de la mobilisation civile dont il fait tant de fracas. M. Gabriel Séailles, dans un chapitre de l'excellente brochure *L'effort de la France*, a décrit les merveilles réalisées par cette union des Français qui, grâce à la guerre, ont pu enfin découvrir : « que tous ensemble, avec leurs oppositions, leurs intérêts contraires, leur conception différente de la société, ils étaient la France dans ce qu'elle a d'un et de divers, la France d'hier et la France de demain, qui malgré tout se tiennent, se relient l'une à l'autre et constituent la nation dans la continuité de son évolution. La guerre en donnant à défendre toute la France avec son passé, son présent, son avenir, accordait dans une même volonté de résistance, les représentants des tendances diverses, qui dans leur contrariété même, gardaient les souvenirs de sa longue histoire et attestaient la richesse de sa vie spirituelle ».

Cette unanimité dans l'effort que l'agression allemande a faite dans notre pays alors déchiré, suicidé par la question religieuse et plus encore les appétits contraires de la vie politicienne, mais devenu aujourd'hui « la France tout court », cette unité, elle se soude chaque jour plus étroite dans la lutte et l'épreuve entre les nations alliées contre l'ennemi commun de l'Europe civilisée. Aussi les tenants de la nouvelle Kultur, dont le cauchemar a suffisamment épouvanté les peuples, font-ils fausse route aussi bien quand ils pleurnichent que lorsqu'ils menacent.

C'est pour avoir attaqué, quoi qu'ils en disent, qu'ils ont fait contre eux l'union. La paix ou mieux la trêve qu'ils réclament, les peuples ligués pour échapper à leur emprise ne l'accorderont ni à des larmes feintes, ni à des menaces trop réelles. La victoire du droit est nécessaire et ceux qui ne croient qu'en la force ont grand tort de recourir à l'intimidation. La peur ne prend pas les Alliés, et la pitié leur est désormais difficile.

Aux suggestions d'une sincérité douteuse, car la « parole allemande » a perdu tout crédit, tout autant qu'aux éclats de voix tapageurs et à la menace du poing ganté de fer, ils ont fait dès longtemps et ils maintiennent leur simple but de guerre qui est la paix à garantir, l'injustice et les crimes à châtier, les réparations à exiger. La crainte d'une guerre plus horrible, — si toutefois les limites de l'horreur n'ont pas été dépassées déjà — n'empêchera point le verdict prononcé de recevoir son exécution complète, dût-elle être tardive. Elle avance lente, mais sûre.

15 janvier 1917.

VII

LIBÉRATIONS

Il en est de multiples et de divers ordres, auxquelles donneront lieu les commotions et le règlement de la grande guerre : délivrance de populations opprimées retenues par violence sous un joug contraire à leurs aspirations natives ; affranchissement, chez certains peuples, d'habitudes tyranniques funestes à la race et que seule pouvait déraciner l'âpre nécessité d'une lutte pour la vie ; guérison pour la race allemande de ce virus de la domination universelle, appétit orgueilleux et pervers d'une mégalomanie inoculée par Bismarck ; libre jeu enfin de transactions économiques sur lesquelles avait fini par peser la loi du plus fort.

A ces résultats, nos amis de Suisse ne pourront manquer d'applaudir. Leur pays est, depuis Guillaume Tell, la terre classique de la liberté et, par sa position géographique non moins que par son industrie hôtelière, il est le nœud de jonction des races latine et germanique, auxquelles il se sent lui-même intimement soudé. La prospérité helvétique a, trop souvent à son gré, vérifié le vers antique :

Quicquid delirant reges plectuntur Achivi,

que notre bon La Fontaine traduisit à sa manière :

> ... de tout temps
> Les petits ont pâti des sottises des grands.

Aussi les « libérations » que je me borne à énumérer — chacune d'elles réclamerait un chapitre, sinon un livre — entrent nécessairement dans les désirs les plus sincères de nos antiques alliés des Cantons et des Alpes Grises.

I. — La note de l'Entente, qui a fourni matière à des commentaires abondants et passionnés, aura eu du moins l'avantage de poser nettement, entre autres revendications d'abord assez mal comprises par delà les monts, la question d'Alsace et Lorraine. Elle avait longtemps paru à plusieurs, une de ces manifestations de « revanche » dont la propagande germanique s'étudiait à montrer aux neutres l'impuissance contre la force invincible des Empires Centraux, et par suite la nocivité, puisque, à les entendre, cette prétention prolongeait le conflit meurtrier.

Maintenant qu'on sait mieux et « leurs buts de guerre et nos buts de paix », les termes se précisent, en même temps que la question de droit s'étend et comporte toute sa signification. M. Millerand le montrait naguère à Nantes et il convient de le citer ici :

« La paix, pour être durable, devra réparer les iniquités accumulées par la politique dont Bismarck a été non certes l'initiateur, mais un des partisans les plus représentatifs et qu'il a ouverte, pour sa part, en 1864 par l'affaire des duchés. En même temps que le Slesvig-Holstein, que l'Alsace-Lorraine regagneront les nations dont la force les a brutalement arrachés, une victime plus ancienne de cette politique, la Pologne, se verra restaurée dans son intégrité par la réunion de tous ses membres disjoints, depuis Dantzig et la Posnanie jusqu'à la Galicie.

« De même que la fin du XVIIIe siècle a vu, grâce à la France, proclamer les Droits de l'homme, de même le commencement du XXe siècle verra, grâce à la France, proclamer la liberté des peuples. »

II. — Dans la même conférence, l'ancien ministre demande aussi fort explicitement « que la suppression de l'alcool ne reste pas à l'état d'intention ». C'est assez dire que, si nous entendons que la paix victorieuse libère les nationalités opprimées, on a compris également l'urgente nécessité de délivrer les nations des fléaux qui les déciment plus encore que la guerre.

L'alcoolisme, cet ennemi de l'intérieur, dont un ukase datant de deux années a débarrassé déjà le peuple russe, a trouvé chez nous des défenseurs trop intéressés qui prolongent la lutte. Mais les libérateurs résolus ne manqueront pas. On en peut apporter en témoignage l'énergique campagne menée contre ce danger public, soit dans la presse indépendante, soit même dans l'armée.

Il est d'autant plus intéressant d'en rappeler une récente manifestation qu'on y lit une allusion touchante aux glorieux débuts littéraires du général Lyautey dans la *Revue des Deux-Mondes*.

« Le général Margot, directeur de l'infanterie, a pris l'initiative d'organiser des conférences à l'usage des officiers destinés à diriger les services de l'instruction physique et de préparation militaire dans toutes les régions. Le ministre de la Guerre désire, en effet, tout particulièrement, que la jeunesse française reçoive, avec l'instruction préliminaire, une sorte d'initiation à toutes les questions relatives aux grands intérêts nationaux. On tient surtout à la mettre en garde contre les trois fléaux qui compromettent l'avenir de la race : l'alcoolisme, la tuberculose et l'avarie. M. Jean Finot, président de l'Alarme, a inauguré ces conférences en parlant de « l'Alcoolisme au point de vue social ». Plusieurs centaines d'officiers ont assisté à cette conférence, et entre autres, le général Margot et le général Dubusquet, inspecteurs des centres d'instruction militaire.

Le général Margot a rappelé, à la fin de cette conférence, qu'il y a vingt ans, un jeune chef d'escadron avait fait, le premier en France, une étude remarquable sur le *rôle social de l'officier*. Le chef d'escadron d'autrefois est devenu le ministre de la Guerre d'aujourd'hui, et il est, par conséquent, le véritable créateur du mouvement tendant à faire des officiers et des soldats des missionnaires efficaces du devoir patriotique. »

Un des nombreux papillons affichés par les soins de la Ligue antialcoolique avertit la classe ouvrière que son véritable affranchissement ne sera possible que si elle échappe d'abord à la tyrannie de l'alcool.

« Moins on boira d'alcool, plus on fabriquera d'obus », porte encore une autre proclamation.

Et cette considération aujourd'hui l'emporte sur tout le reste, la victoire étant le seul moyen de nous délivrer de la plaie ouverte au flanc de l'Europe par le militarisme prussien.

III. — La guérison du mal doit venir en Allemagne par les mêmes voies qui l'ont amené. Le véritable initiateur de la politique d'unification allemande, ou, si l'on veut, le rénovateur, car Frédéric II est bien un ancêtre », fut le chancelier de fer. Bismarck a pu gagner son titre par la brutalité de plusieurs déclarations, car il ne cachait à personne que la réalisation de ses plans devait être poursuivie, selon une expression qui lui était chère, par *le fer et par le feu*. Ce sera décidément par ces moyens violents que le virus inoculé par lui à son peuple et qui a causé la catastrophe pourra être extirpé de l'âme allemande. Ruse et traîtrise sont un héritage funeste qui se paie aujourd'hui, car le mépris des traités, la faillite du crédit que nul peuple ne peut plus accorder aux assurances les plus formelles ni à la signature de la nation germanique, a conduit l'Entente à poursuivre jusqu'au bout la victoire.

Les sanctions, garanties et réparations qu'un Congrès de La Haye ne saurait attendre de conventions avec l'Allemagne disqualifiée doivent être imposées par les armes. Faudra-t-il, pour obliger le peuple allemand à vomir le poison, que se réalise le cauchemar qui obséda Bismarck, d'après une anecdote rappelée hier par G. Lenôtre ? Le canteleux vieillard, aux récits duquel on ne peut se fier qu'à demi, disait avoir vu en rêve la carte du nouvel Empire allemand s'émietter sous ses doigts et la Prusse « ressemblant à une vaste salle d'hôpital où des malades innombrables se lamentaient de la dureté de leurs couches et de la fragilité de tout ce qui les abritait ». Ce mauvais rêve raconté en 1880 par Bruno Bauer est-il le symbole de « ce gâchis », que prédisait avec rage le chancelier évincé ?

IV. — Sera-ce le remède qui éveillera de son orgueil funeste à tous le peuple qu'on a leurré de l'espoir d'exploiter le monde ? C'est le secret de la Providence. Les maladies des peuples sont longues et difficiles à guérir ; il en coûte des armes et du sang ; il faut aussi dépenser, pour les faire renaître à la vie, beaucoup d'or, de travail et de peines. Ce pénible labeur sera salutaire, même aux victimes de la catastrophe. La vérité les délivrera d'abord, puis la vaillance des efforts concertés restituera aux nations éprouvées la liberté de leurs transactions commerciales.

Cet espoir sera doux à nos amis de Suisse qui viennent d'éprouver encore, dans de récentes discussions et par les mesures nouvellement prises, la rigueur des exigences germaniques. L'accord des Alliés de l'Entente préparant leur vie économique d'après-guerre promet que des relations équitables succéderont à tant de malaises.

Cette libération ne sera pas un des moindres bénéfices procurés par la victoire des Alliés, respectueux du droit et de la justice. Leurs projets d'expansion industrielle ne menacent personne. De même qu'elle n'a point à se reprocher d'agression inique, l'Entente ne fera pas succéder à la guerre une ère de tracasseries mesquines ou de querelles qui ne sont dans le caractère d'aucun des peuples ligués pour la restitution du droit européen et la libre expansion de toutes les énergies nationales. Seules les nations de proie ont besoin d'être contenues par le seul pouvoir qu'elles reconnaissent, la force dont elles ont abusé.

19 janvier 1917.

VIII

UN LIVRE ACTUEL

Agir est le mot d'ordre d'aujourd'hui et de demain. Aussi l'ouvrage de M. Edouard Herriot paru sous ce titre est-il d'avance un succès. Ce n'est pas de ce livre pourtant que je veux parler, mais d'une étude antérieure de douze années à la guerre, et que la guerre a singulièrement justifiée. Elle a été publiée en 1902 par un homme de cœur qui l'a signée : *Marcel Demongeot, Lieutenant de chasseurs à pied*, et qui l'a courageusement intitulée : *Citoyen et Soldat*. Le sous-titre *Étude sur l'Armée nationale* était plus prophétique que ne pouvait même le soupçonner l'auteur, et pourtant, à parcourir aujourd'hui ces pages vraiment *à relire*, on se prend à admirer combien les préoccupations qui les inspiraient ont judicieusement préparé ce sublime effort de la nation armée qui nous a valu la victoire et l'estime enthousiaste du monde entier.

J'ignore si la diffusion qu'a dû donner à cet ouvrage l'éditeur, Ernest Flammarion, et le remarquable avant-propos écrit par MM. Paul et Victor Margueritte ont fait épuiser ce livre. Mais s'il en est ainsi, on devra regretter que notre littérature de guerre ne compte pas cette œuvre trop tôt venue parmi les enseignements si précieux que notre tragédie ou mieux l'épopée de ces trois années terribles nous a valus.

Si l'ouvrage a disparu qu'on le réimprime, qu'on le tire à profusion pour le faire connaître, relire aux officiers et aux soldats — à tous les bons Français d'aujourd'hui et de demain.

L'à-propos de cette réédition éclatera certes à tous les yeux, car il est malaisé de rêver lecture plus actuelle, sur le front, à l'hôpital, à l'arrière et chez les jeunes classes qui vont arriver successivement à la caserne. Il serait fâcheux que des idées si vivantes, si puissamment vécues par tous ne rencontrent pas les nombreux lecteurs préparés à les entendre par la pratique même des vérités qu'elles exprimaient avec un rare bonheur.

On n'analyse pas des œuvres aussi vitales, pas plus qu'on ne dissèque une âme. Le scalpel n'atteint jamais la force qui fait mouvoir les muscles ou la charpente osseuse. Mais sans exposer le plan de l'ouvrage ni en énumérer les chapitres, il en faut dire tout au moins le sens profond, en indiquer le contenu, signaler les notions maîtresses et directrices par lesquelles se révèle, à qui l'étudie, tout un monde nouveau, trop peu soupçonné grâce à une étrange confusion des mots les plus usuels, déformés et pervertis.

Patriotisme, discipline, autorité, obéissance, initiative, autant d'idées-forces, dont un emploi maladroit avait peu à peu dévié l'efficacité et détourné la signification féconde. Loin de se laisser décevoir par ces vocables faussés, l'auteur en rétablit le sens normal et profond : il précise — afin de dissiper toutes les équivoques — les notions fondamentales destinées à combattre l'antimonie et le malaise entre la Démocratie et l'Armée. Le problème à résoudre, franchement posé d'ailleurs, est la transformation de l'ancienne armée de métier, puisque chaque citoyen désormais fait métier de soldat. Or, ainsi que le résume opportunément l'avant-propos, « vous ne trouvez dans chaque citoyen le soldat que si vous avez vu d'abord, dans le soldat, le citoyen. » Les solutions présentées dans ce beau livre ont été jugées ainsi par MM. Margueritte : « Il était bon qu'elles fussent prononcées à l'heure actuelle, et il est excellent qu'elles le soient par un officier, parlant du rang, simplement, à sa place, après avoir soumis son livre à ses chefs. Parce que nous y retrouvons l'écho amplifié de nos pensées, elles ont retenti en nous. Nul doute que leur sincérité, leur force d'accent, les fasse retentir de même dans de nombreuses consciences d'officiers. Nous souhaitons qu'elles aient un prolongement plus vaste encore, qu'elles atteignent tous ceux dont la réflexion ne sépare pas l'armée de la nation et la nation de l'armée. Les uns et les autres ne pourraient que gagner à la lecture d'un tel livre, qui est une belle et une bonne œuvre. Nous sommes heureux, et très fiers de pouvoir le dire, les premiers ».

Ces lignes furent écrites en 1902. Depuis, la lueur des événements de ces trois dernières années a dû réduire à quelques unités, s'il en reste, le clan de ceux qui « séparaient » de la nation l'armée qui, on l'a vu, ne fait qu'un avec elle.

Depuis également, l'auteur, le Commandant Demongeot a vu s'épanouir la justification du livre qu'il avait déjà vécu avant de l'écrire, et l'affection de ses « hommes » a dû lui prouver la valeur éducative de ses principes.

Il n'en pouvait être autrement, car ces principes, qui devançaient les événements et les devinaient, contenaient en germe l'heureuse réconconciliation des deux forces qu'on avait le tort d'opposer, alors qu'elles s'appuient mutuellement ou plutôt sont les deux pôles d'une même sphère.

Or, il faudrait tout citer. Choisissons seulement quelques formules significatives : « La guerre, but technique et suprême de l'armée, ne doit pas nous faire oublier les combats que se livrent à toute heure les nations sur le terrain économique. Le bon soldat est celui qui est prêt à combattre sur tous les champs de bataille. »

Cette préoccupation de la lutte économique, ce souci de « développer le sens social des individus pour faire des nations conscientes de leur devoir, c'est-à-dire, respectueuses du droit des autres », ne pouvait manquer de faire constater au jeune lieutenant d'alors combien « le service militaire obligatoire, conséquence naturelle et fatale du développement actuel des différents peuples, est, pendant les longues périodes de paix, une cause d'affaiblissement indéniable. Perte de temps, perte d'argent, perte de vitesse acquise. »

Voilà le mal hardiment dénoncé ; mais, à la différence des utopistes qui ont prôné le désarmement, il a conclu : « Nous devons chercher à compenser tout cela. Et l'éducation de la caserne n'a plus le droit de rester seulement professionnelle. En même temps qu'on forme des soldats, il faut former des hommes ». Et demandant aux chefs de l'armée « de consentir à la mission nouvelle qui leur échoit », il a convié « les bons citoyens qui sont, eux aussi, des soldats », au devoir de les aider.

Cette coopération est l'idée maîtresse du livre

et la notion de solidarité que renferme, normalement creusée, l'idée de *société*, a été exposée sous tous ses aspects en un langage clair, convaincu, communicatif. C'est « la vraie éloquence qui se moque de l'éloquence ».

Trop modestement, l'auteur avait déclaré n'être « ni orateur, ni écrivain », mais son dédain réfléchi des prétentions littéraires ne l'a pas empêché, bien au contraire, de nous donner une œuvre excellente.

Son livre est « le bon sens qui parle en bon français ». C'est ce livre qu'il faut relire et je n'aurai garde de le déflorer. Le bref exposé du programme qu'on vient de voir suffit, je pense, à montrer l'intérêt de l'œuvre.

Ce dont il faut louer le lieutenant Demongeot, c'est d'avoir à la fois servi les deux causes entre lesquelles d'autres dressaient un rempart de malentendus, sinon d'hostilité. Son premier chapitre, *l'Armée nécessaire*, est d'une franchise et d'une tenue irréprochable. Sans se laisser entamer par les généreuses, mais imprudentes illusions dont nombre de pacifistes ont été violemment désabusés, il a su ne rien sacrifier des préoccupations qui doivent donner et la paix et la guerre. Il a réalisé — car il a le sens des possibilités et de l'action — l'accord que recommande la maxime si profonde du texte évangélique : *il faut faire ceci et ne point omettre cela.* Son dévouement à l'armée, force indispensable que rien ne doit affaiblir, ne lui a pas fait négliger l'urgence de la défensive commerciale et industrielle. Il a voulu tout à la fois sauvegarder l'armée, « outil de ce travail meurtrier, haïssable, mais nécessaire, alarmant, mais réconfortant », et signaler à l'attention trop distraite, l'autre guerre, celle qui n'attendait « pour se poursuivre aucune déclaration », la bataille économique « qui ne se voit pas..., est de tous les jours » mais que « beaucoup de Français semblent ignorer », parce que les engins de cette guerre sans répit, « ne frappent pas spécialement nos yeux », bien qu'elle soit et parce qu'elle est « nous-mêmes... et tout ce qui nous entoure », bref la vie totale et normale du pays.

Pour organiser ces deux combats inévitables, la guerre intermittente et la lutte économique qui ne cesse jamais, il faut « une éducation appropriée » et c'est aux officiers de l'armée nationale que revient le rôle d'*éducateurs.*

Aux utopistes de la pacification idéale, à ceux qui célèbrent déjà le mirage des Etats-Unis d'Europe auquel va nous convier Guillaume II, initiateur étrange de la paix future, M. Demongeot a répondu avec raison que « la suppression de l'armée n'amènerait pas plus la suppression des causes qui la nécessitent que la suppression des boulangeries n'empêcherait le peuple d'avoir faim. »

Mais il a fait mieux dans tout son livre, et montré comment le service militaire peut et doit nous préparer aux multiples manières que nous avons tous de servir le pays, « devoir étroit », mais plus encore, droit glorieux auquel nul ne peut renoncer.

Lisez ce livre et vous comprendrez que discipliner les âmes, c'est, suivant le sens rationnel du mot, les instruire et les diriger vers le but commun auquel concourent et l'autorité sociale et les membres groupés en un corps travaillant à conquérir ce pourquoi la société a été formée.

L'expression courante de cette solidarité que suppose et réclame cette communauté d'efforts vers un objet unanimement cherché, c'est cette formule *tous pour un, un pour tous*, que nous montre en action, dans la glorieuse histoire de l'escadrille N-65, le narrateur anonyme des exploits de ce « fraternel syndicat où chacun, tout en aiguisant ses qualités originelles, agit avec le plus pur esprit de sacrifice sous l'impulsion du commandant » (*L'Intransigeant*, 24 janvier 1917).

L'âme de l'œuvre, en l'espèce, c'est-à-dire dans ce groupe *d'oiseaux mitrailleurs*, ce fut le chef, le

Capitaine Gonnet-Thomas, puis après qu'il fut tombé à l'ennemi, le capitaine Fréquant, ou plus exactement, c'est l'âme collective que surent créer les commandants successifs de ce merveilleux groupe d'avions, l'agent effectif des succès, c'est cet esprit de solidarité émané, dit l'auteur de *Citoyen et soldat*, « de l'accord établi entre hommes qui ont compris, les uns, le but de leur autorité, les autres le pourquoi de leur obéissance. »

Transportez ce programme partout où vous voudrez, il réalisera des merveilles. Le livre du commandant Demongeot vous expliquera comment on procède. La plus encourageante morale de ce succès n'est pas seulement dans les résultats obtenus au passé. L'avenir promet plus encore.

Empêché par la maladie, après la bataille de la Marne, M. le Commandant Demongeot travaille aujourd'hui, de concert avec l'un des préfaciers de son ouvrage, M. Victor Margueritte, à cette victoire économique qui n'est pas moins précieuse pour la France que le triomphe des armes. Qu'il se console donc de ne pouvoir retourner au front ! Il est au front et au premier rang de combat dans son œuvre patriotique et de première importance de *l'Information Universelle*. Qu'il me permette de lui adresser là, comme à l'armée, ma sympathie et mon admiration. Des chefs comme ceux-là font mieux qu'écrire ou parler. Ils ont trouvé le vrai secret, *agir*.

Leur action doit être encouragée par tous les bons Français.

24 janvier 1917.

IX

LE DROIT DE SERVIR

« Dès l'école, et de la bouche même de leurs premiers éducateurs, les enfants doivent être initiés à la grandeur d'un sacrifice pénible, mais nécessaire. Ils doivent être habitués, tout jeunes, à l'acceptation d'une charge sociale à laquelle ils se soumettront volontiers, s'ils ont compris que le service militaire ne les appelle ni pour la gloire d'un seul, ni pour le but de quelques-uns, mais pour la sécurité de tous. »

Ainsi écrivait, dans le beau livre *Citoyen et Soldat* dont je rappelais hier l'ancienne publication, le commandant Marcel Demongeot. Il y a clairement exposé comment le devoir, et bien plus le droit de servir son pays est le glorieux privilège de tout Français qui n'a pas démérité. Il y a eu d'ailleurs, sur ce thème de l'armée nouvelle, une vaste et intéressante littérature qu'il serait long peut-être, mais point inopportun de remettre en lumière. Les écrivains qui ont traité ce sujet, presque tous membres de cette « Grande Muette » à laquelle on doit rendre la justice d'avoir préparé en silence la revanche véritable, si distincte du chauvinisme bruyant, ont longtemps été douloureusement à la peine. Nous qui recueillons aujourd'hui le fruit de leur labeur, inscrivons leur nom sur les listes des héros qu'ils ont contribué à former.

On a parlé beaucoup, à propos de l'unanimité de vaillance qui a signalé l'effort français, du réveil patriotique de notre pays.

De même qu'on a, semble-t-il, abusé du mot *renaissance religieuse* pour exprimer les manifestations en ce genre des premiers temps de la guerre, il n'est pas exact, en rigueur, de nommer *réveil* l'élan unanime qui a conduit au devoir militaire le peuple entier de France, sans distinction d'opinion en matière d'armée. Les antimilitaristes de la veille ont senti se fondre leur préjugé et ont compris ce patriotisme qui leur avait semblé trop étroit. Mais la guerre qui a révélé ce que contenait au vrai l'âme populaire, n'y introduisait aucun sentiment nouveau. Elle manifestait seulement l'effet de ce travail de véritable éducation patriotique que la caserne, grâce à la nombreuse élite de nos officiers, avait donnée à tous ceux qui avaient passé dans les rangs de l'armée.

A tort aussi on avait, à l'occasion de certains propos tapageurs et regrettables, proclamé trop tôt, à la veille de la guerre, la faillite de l'école. L'école, comme la caserne, avait, au contraire, fait silencieusement son travail, et les instituteurs, ainsi que leurs élèves, ont prouvé par leur conduite devant l'ennemi que l'antipatriotisme ne jette pas de racines dans l'âme française. La bravoure native de la race, loin de s'éteindre, avait été, il faut le reconnaître, scientifiquement cultivée et développée, soit dans les leçons morales de l'école où les mauvais bergers furent l'insignifiante exception, soit au passage de la caserne ; car là aussi les cours d'éducation n'étaient pas lettre morte.

Aussi bien, l'article si remarquable et fort remarqué du futur général Lyautey, *le Rôle social de l'officier*, dont on a rappelé naguère la publication déjà ancienne, n'est-il qu'une étape dans la série des ouvrages militaires qui ont abordé, de front ou de manière oblique, la grave question de l'éducation civique dans l'armée nouvelle. Je n'ai nullement dessein d'en dresser ici la bibliographie complète. Après le général Jung qui publiait en 1892 *La République et l'armée*, étude intéressante, mais surtout politique, achevée du reste en 1882 pour traduire les idées de Gambetta « sur les rapports de l'armée nouvelle avec l'Etat républicain français », nombre d'officiers ont écrit sur cette matière si vaste qu'on pourrait intituler la question civique et militaire.

L'auteur de *La République et l'armée* avait adopté pour épigraphe cette phrase de Von der Goltz (maladroitement imprimé Won de Goltz) « Il faut une politique militaire nationale. De cette façon seule on peut rendre service à son pays ».

Le programme de Gambetta : « faisons une armée instruite », y est présenté en détail et discuté avec appui d'exemples empruntés à l'histoire. Les solutions préconisées avec un certain courage qui n'exclut pas la souplesse avaient pour objet de répondre à la question toujours angoissante depuis l'alerte de 1875 renouvelée par l'incident de frontière soulevé en 1887 : « Que sera le gouvernement républicain, que sera l'armée si une guerre venait à éclater » ?

L'auteur avait conscience de la hardiesse de son étude, non exempte d'ailleurs de la phobie, devenue traditionnelle chez certains parlementaires, de la dictature militaire et des pronunciamentos et de l'envahissement du cléricalisme dans l'armée. En cela l'ouvrage date, mais ne cesse pas d'être instructif. La défiance de l'armée et du grand commandement perce dans ses préoccupations du général Jung plus encore peut-être que le souci de l'opinion contre lequel il s'abrite sous cette phrase du conventionnel Lacombe Saint-Michel, répondant à son collègue Dubois-Crancé le 11 février

1793 : « Lorsqu'on présente aux hommes une grande vérité, on doit en attendre une grande contradiction, heureux encore si celui qui l'offre n'est pas persécuté ».

Pour ce livre, dont j'ai sous les yeux l'exemplaire dédicacé par le fils de l'auteur Théodore Jung, au docteur G. Desmons, de Dunkerque, aucune persécution ne semble avoir été soulevée, et l'ouvrage qui répétait en partie les idées émises dans *Guerre et Société*, paru chez Berger-Levrault, rencontra plutôt le demi-succès ou l'indifférence qui attendent, et c'est à regretter, les études de ce genre.

Ce fut un grand tort. Il y avait dans cet ouvrage autre chose que des études rétrospectives ou même que la préoccupation de montrer l'armée en fonction de la politique. Sur ce dernier objet, le général Jung pouvait aligner des témoignages allemands assez nombreux et confesser qu'on chercherait en vain chez nos auteurs même tacticiens des phrases comme celles-ci : « La guerre est un instrument de la politique. Elle en prend le caractère et les dimensions. Dans les lignes principales elle n'est autre que la politique ». Et à cette maxime de Clausewitz, Moltke faisait écho : « La guerre est une vassale de la politique ». Enfin le prince de Hohenlohe exprimait à peu près à sa manière la pensée de Von der Goltz épinglée en vedette au frontispice du livre et disait : « La politique à la guerre, c'est l'emploi de la guerre en vue de l'Etat ».

Tant il est vrai que la formule si souvent citée de Mirabeau sur la guerre industrie nationale de la Prusse a conduit les théoriciens d'outre-Rhin à exprimer toute la relativité de la guerre et de la politique.

Mais il y a plus à chercher dans le livre de 1892 que des citations d'auteurs allemands : il y a des prévisions bien observées ; celle-ci, par exemple : « La guerre, du reste, n'est qu'un abcès qui perce. La vraie guerre est celle de la paix. Elle est la plus longue et la plus importante. La paix est la préface comme la conclusion de la lutte : mais la paix digne est la seule compatible avec l'existence d'une grande nation » (p. 87).

Enfin le livre est surtout intéressant pour l'histoire, ancienne ou moderne, et surtout sur le ministère du général Boulanger. Il en faut retenir, au point de vue qui nous occupe de l'armée nouvelle en opposition avec celle de métier d'autrefois, cette constatation formelle : « Sous le rapport de la direction d'ensemble et de la direction morale, l'armée en est aujourd'hui (1892) au 1er décembre 1877. La nation armée, c'est-à-dire la fusion intime entre la nation et l'armée, est toujours à faire » (p. 322).

Les événements présents se sont chargés d'opérer cette fusion et le ministre de la Guerre d'aujourd'hui n'aura qu'à recueillir les fruits d'une opération longuement préparée. Aussi bien, il répond aux conditions que Jules Simon définissait jadis avec tant d'esprit : « Il faut être bon marin, disait-il, pour être bon ministre de la marine, comme il faut être bon militaire pour être bon ministre de la guerre. Malgré l'étonnement qui se peint sur certains visages, je persiste à penser que les marins seront toujours les meilleurs ministres de la marine, et les militaires les meilleurs ministres de la guerre, et j'irai jusqu'à croire qu'il n'est pas mauvais qu'un ministre des travaux publics soit un ingénieur. » (*Ibid.*, p. 322.)

Jules Simon n'avait pu prévoir M. Sembat et la république des camarades ni la crise du charbon qui résulterait du passage aux affaires de ce conseiller si habile jadis à nous détourner de la guerre à moins de rétablir la monarchie.

Pour revenir aux conclusions sérieuses à tirer de cet ouvrage déjà si vieux du général Jung, il y faudrait résumer l'enseignement du XXe et dernier chapitre : *La politique militaire extérieure*, illustré en épigraphe de ce lumineux avertissement du général Chanzy : « Il ne suffit pas d'être aussi fort que son ennemi, on doit lui être supérieur. »

Cette question de la politique militaire des Etats, abordée primitivement par Jomini et creusée à l'envi par les écrivains d'Allemagne, donne occasion à des avis bons à enregistrer en tout temps, mais qui invitaient sérieusement à souder entre elles les forces agissantes de la politique civile et de la politique militaire devenues actuellement une même politique.

« L'unité fait la force, rappelons-nous toujours que la guerre est un jugement. Et ce jugement sera rendu en faveur de celle des sociétés concurrentes où l'on se sera montré plus rigoureusement soumis aux règles de cette science de la politique des Etats » (p. 353).

Heureusement pour nous il n'est plus vrai de dire avec Voltaire et Mme de Pompadour : « Tout le secret de la politique consiste à mentir à propos ». Et si compliquée que soit cette science, elle se résume dans le mot si juste d'un écrivain anglais : *Honesty is the best policy*. L'honnêteté est la meilleure des politiques. Soyons fiers de n'en avoir pas connu d'autre.

26 janvier 1917.

X

LEGITIME DÉFENSE

Il ne faut pas se lasser de redire la vérité puisqu'elle ne cesse pas d'être contredite. Les proclamations allemandes, qu'elles émanent de l'Empereur et de ses acolytes de Bavière, de Wurtemberg et d'ailleurs ou bien des journaux à leur solde, répètent leur refrain convenu et connu, l'Allemagne lutte *pour sa défense* et se défendra jusqu'au bout.

Cette consigne est trop d'accord avec les déclarations des premiers jours pour pouvoir être abandonnée. Le peuple allemand *doit* continuer de croire ce qu'on lui a dit dès la déclaration de la guerre, qu'il lutte pour repousser l'agression. Il lui faut, il est vrai, une foi robuste pour accepter une thèse qui est le contrepied même de la réalité. Mais enfin, la « vérité allemande » a été si unanimement cornée à tous les échos du pays et du monde ; elle est si bien défendue dans ses frontières contre la discussion et l'intrusion de toute doctrine différente, qu'il est rigoureusement possible que, de bonne foi, on admette encore, au-delà du Rhin, la version officielle donc furent nourries les masses.

Pour ceux du dehors, qui ont pu lire et comparer les documents, l'erreur invincible est plus malaisée à expliquer et l'on pourrait craindre d'enfoncer des portes ouvertes à rappeler des vérités évidentes.

Evidentes, elles le sont pour nous, Français et alliés, qui avons vu surgir la grande guerre à l'improviste et avons dû en effet improviser tout, pour la Belgique brutalement sommée de livrer passage à la ruée contre la France, pour ceux que n'a pas égarés ou troublés l'intense propagande germanique.

Sont-elles également connues partout, on pourrait se le demander lorsqu'on entend exposer cette étrange théorie *qu'on ne sait pas* qui a voulu la guerre ?

Il suffit cependant de recourir aux faits et aux dates plus faciles à préciser que commodes à changer. Pourtant à cette difficile besogne de modifier après coup les événements et de brouiller les cartes, s'emploient, en conscience, les journaux de l'Empire.

Un tout récent démenti que vient d'infliger à la *Germania* un réfugié Ardennais sur un minime détail des premiers jours de la guerre, montre à l'œuvre et toujours en exercice l'entreprise qui a pour but avéré la falsification de l'histoire. Voici ce qu'un témoin, sûr de son fait et de ses dates, écrivait au directeur du *Journal des Débats*, qui a publié cette lettre le mercredi 24 janvier.

Monsieur,

Je lis dans le *Journal des Débats*, n° 21 (21 janvier 1917) dans l'article « la Germanie », que les Allemands prétendent que le 45° d'infanterie a été transporté à Namur le 30 juillet 1914.

Ils mentent comme d'habitude.

Le 45° est arrivé à Mézières-Mohon (Ardennes) le 31 juillet, où il est resté jusqu'au 7 août.

J'avais l'honneur de loger le drapeau du régiment et le commandant Bourrieu (qui devait être tué peu après). Le régiment a été, en effet, transporté en autobus le 7 août. J'ai pris des photographies du départ ce jour-là, et moi-même ai servi de guide au commandant jusqu'à la frontière belge, par Vigne-aux-Bois et Saint-Menges.

Faites ce que voudrez de ces renseignements, qui sont absolument précis.

Recevez, Monsieur, l'assurance de mes meilleurs sentiments.

VILTE,
réfugié ardennais.

Ce serait un suggestif et curieux recueil que celui des *mensonges allemands*. Quoique fastidieux et interminable, il aurait du moins l'avantage de montrer dans leur rôle ceux qui ont besoin de falsifier les pièces qui les condamnent.

Tout mauvais cas est niable, dit un proverbe judiciaire, et il est certain que les Empires centraux sont bien obligés par la logique des événements de s'en tenir à leur première attitude, celle des livres diplomatiques par lesquels ils essayèrent, dès l'abord, de secouer de leurs épaules la lourde responsabilité d'avoir déchaîné la guerre.

Une lettre autographe de Léopold Ier, roi de Belgique, à M. Thiers, en date du 11 avril 1845, que j'ai transcrite à la Bibliothèque nationale et qu'a publiée le *Correspondant* du 25 décembre dernier, portait :

« Il fallait l'épouvantable catastrophe des années 1791-93 pour bouleverser toute l'Europe, et sans ses bouleversements les faits mémorables du Consulat et de l'Empire étaient impossibles...

« *Il y aura encore des guerres, mais il me paraît impossible que ces guerres puissent, même d'une manière bien pâle, se rapprocher de cette époque* ».

On eût bien étonné le signataire de cette lettre en lui annonçant que, moins de cent ans après son affirmation, une guerre autrement gigantesque

que les épopées du Consulat et de l'Empire ensanglanterait le monde. Mais Léopold de Cobourg aurait été plus surpris et véritablement indigné s'il eût pu prévoir que ce cataclysme serait déchaîné par sa patrie d'origine, cette Allemagne qu'il avait servie dans sa jeunesse contre Napoléon jusqu'à porter ombrage au vainqueur de Tilsitt.

Fin politique comme était le premier roi des Belges mais habitué aussi, — lui-même le déclare sans se flatter ou se surfaire — à ne se mêler « des grandes affaires que pour empêcher le mal et faire le bien », il n'eût pu comprendre la politique à laquelle un orgueil démesuré a conduit la cour de Berlin.

Toutefois, si de semblables catastrophes se fussent produites sous ses yeux il se fût gardé de conclure que « cette guerre atroce ne devait comporter ni vainqueur ni vaincu », et conduire au désarmement général. Des espoirs aussi peu réalisables lui eussent paru des utopies.

Il aurait surtout pris garde, en semblables circonstances, d'assimiler l'agresseur aux victimes et n'eût point admis une paix qui ne sanctionnât la victoire du droit sur la force.

Mais en attendant cette décision des armes, il importe que ceux-là mêmes qui ne peuvent plus porter les armes s'attachent à répandre et à redire la vérité méconnue. M. Max Turmann, un des hôtes français les plus appréciés de la Suisse, vient d'écrire par la *Revue hebdomadaire* qui l'a publiée le 15 janvier une étude sur le rôle des Français à l'étranger.

Il n'est pas à craindre qu'elle froisse personne, tant elle est mesurée et discrète. On y lit cette phrase qui mérite d'être soulignée dans le paragraphe du devoir qu'ont les Français en résidant à l'étranger, « d'instruire leur patriotisme » : « Ne perdons jamais de vue qu'un fait cité à propos, de façon exacte et irréfutable, vaut mieux pour défendre notre pays devant les neutres qu'un long verbiage où des exclamations indignées tiennent lieu d'arguments ».

On ne saurait mieux dire : c'est la seule vérité qui délivre et qui opère efficacement. Traiter nos ennemis de « boches » ou même de perfides ne sert de rien si nous ne montrons en quoi ils se sont affranchis de toute civilisation et de toute droiture. La Bruyère écrivait jadis : ce sont les faits qui louent. Ce sont aussi les faits qui condamnent. Ne nous lassons donc pas d'exposer les faits, de les établir contre les démentis, sans nous laisser détourner par la crainte des redites.

Aux affirmations répétées, opposons nos pièces officielles et nos dates. Ce travail, si ingrat soit-il, aura sa récompense. On l'a constaté naguère à Genève lorsque notre ancien président du Conseil,

M. Barthou, est venu exposer, le 26 juillet 1916, comment la France qui n'a pas voulu la guerre, qui a refusé d'y croire jusqu'au bout, veut maintenant jusqu'au bout la guerre imposée par l'agresseur. Il a marqué les étapes, indiqué les provocations, les manœuvres, les coups de force et les mensonges, dont fait justice maintenant non seulement l'opinion européenne, mais l'opinion allemande elle-même acculée à des aveux qui ruinent tout son système officiel.

On pourrait ici transcrire des pages de son discours *Toute la France pour toute la guerre* (1).

Quelques traits suffisent, sans reprendre, point par point, les affirmations controuvées du *Livre Blanc* allemand.

C'est le 2 août 1914, à 10 heures du matin, la première violation de notre frontière par un raid à 13 kilomètres avant toute déclaration et le meurtre d'un instituteur français, pendant que le gouvernement français, pour obéir au Traité de Francfort, tenait ses troupes à 8 kilomètres en arrière.

Ce sont, le 3 août, les promenades provocatrices dans Paris de l'ambassadeur allemand, M. de Schön, en quête d'un incident — car depuis 1875 l'Empire cherchait à se faire déclarer la guerre, puis, le

---

(1) *Pages actuelles*, n° 95. pp. 14 à 21.

même jour, le texte officiel de la déclaration apporté par le même diplomate — motif — le bombardement de Nuremberg par un aviateur français, fable que l'autorité municipale de Nuremberg a enfin ruinée à la date du 13 avril 1916. Mais alors le coup était joué et la falsification, réplique du trop fameux faux de la dépêche truquée d'Ems en 1870, avait permis à M. Von Bethmann-Hollweg de copier, de fort loin, le chancelier Bismarck. Celui-ci, en effet, eût été plus avisé que son successeur et n'eût point parlé, avant succès complet, de *chiffons de papier*, ni de la nécessité regrettable de commettre l'injuste violation de la neutralité belge.

De tels faits devraient suffire à ruiner pour jamais le crédit d'un peuple. Mais nous avons pu constater bien d'autres symptômes de l'esprit qui avait rendu proverbiale, dès le XVIe siècle, l'expression *querelles d'Allemand*. Sans nous laisser décourager par la fatigante tâche de ne rien omettre des allégations inexactes, nous examinerons en détail les phases de l'agression qui démontrent notre cas de légitime défense.

Ce faisant, nous croyons remplir un devoir envers la France et à l'égard du monde entier, qui a droit de savoir et de juger.

C'est le rôle de tout citoyen qui a le souci du bon renom de sa patrie « de répandre partout la vérité, de dire les raisons de notre conduite et de notre confiance, de confondre les calomnies et les mensonges par lesquels la propagande allemande voudrait nous ravir jusqu'à l'honneur. » Ainsi parlait aux Belges en exil leur ministre de la Justice, M. Carton de Wiart. Ce programme est trop élevé pour porter ombrage à personne. Seuls ceux qui craignent la lumière ont besoin de mentir et de fausser les documents. Le devoir de les rétablir dans leur vérité nue incombe aux soldats du droit.

Ceux qui combattent abattront l'adversaire et lui feront râler l'aveu de ses mensonges. Les autres, à l'arrière, apporteront les preuves écrites de la félonie et démontreront le droit des armées de la légitime défense.

29 janvier 1917.

XI

QUELQUES ÉCHOS DE LA PRESSE DURANT L'ANCIENNE GUERRE

La guerre franco-allemande de 1870, déjà si ancienne, offre cependant, à qui en repasse l'histoire et en fait revivre les détails, des leçons d'une actualité saisissante. Ce sont les mêmes ennemis qu'on y rencontre, avec les phénomènes de cette « brutalité native » dont se glorifiait d'avance le grand chef qui donnait à ses soldats destinés à l'expédition de Chine la consigne de renouveler là-bas les exploits d'Attila leur ancêtre. Ce sont aussi les mêmes amitiés qui se font jour. On sait combien fut hospitalière aux soldats de Bourbaki la Suisse où se réfugièrent les débris de notre armée de l'Est. C'est à la presse étrangère de cette époque à la fois si lointaine et si proche qu'il convient d'emprunter aujourd'hui quelques suggestives leçons.

Après le désastre de Sedan, au moment où la Prusse énivrée de sa victoire laissait libre carrière aux appétits de ses journaux, les « reptiles » aux ordres du chancelier de fer sifflaient à l'unisson le mot d'ordre inspiré par le maître. Un changement important s'était produit dans l'orientation de la guerre. Guillaume Ier qui avait jadis proclamé n'en vouloir qu'à l'Empire et non à la nation française, venait de montrer, par sa réponse aux premières propositions de paix, qu'il entendait poursuivre son triomphe jusqu'à l'annexion de l'Alsace et de la Lorraine. La presse allemande émettait les prétentions que nous avons vu se renouveler depuis sous tant de formes, et comme la célèbre réponse de Jules Favre : « pas un pouce de notre territoire, pas une pierre de nos forteresses » manifestait à l'Europe et la résistance du peuple français tout entier à une guerre d'envahissement et le mensonge des hypocrites proclamations d'autrefois adressées par le roi de Prusse à la nation que Guillaume avait voulu opposer au régime impérial, la consigne des journaux allemands fut de tourner en ridicule cette fin de non recevoir. Ils s'y employèrent de leur mieux, au point de s'attirer cet « avertissement » qui ne manque pas de saveur, ayant paru à Vienne. Dans le numéro du 13 septembre 1870, du *Tage Press*, on lisait :

Les journaux allemands s'efforcent de faire prendre le change sur les résolutions valeureuses de la France, ils les traitent de pure fanfaronnades, c'est s'abuser étrangement. La France compte neuf millions d'hommes ; son territoire est étendu, ses ressources sont, pour ainsi dire, inépuisables ; elle a deux mois pour se ravitailler ; elle peut indéfiniment continuer la guerre si elle y est résolue, et cette résolution lui est facile, car elle peut compter finalement sur la victoire... Que la France résiste et le roi Guillaume se trouve dans cette alternative pénible, de partir sans avoir pu signer la paix en ravageant la France, ou de poursuivre le complet asservissement de cette nation, tentative dans laquelle ses forces, si grandes qu'elles soient, seront épuisées avant celles de la France.

Il serait intéressant de savoir ce que pensent en ce moment les journaux de Vienne de ce « redressement » de la France pronostiqué en 1870, qui, pour ne s'être pas vérifié alors et avoir attendu jusqu'aux jours de la bataille de la Marne et de Verdun n'en oblige pas moins Guillaume (Guillaume II cette fois) de renoncer à la victoire finale. A moins encore, comme on l'écrivait il y a peu de jours, que l'Autriche confiante n'espère toujours le triomphe et n'escompte la paix victorieuse.

Quoi qu'il en soit de ces illusions robustes, Vienne ferait bien de méditer l'avertissement posthume du même article du *Tage Press*, qui disait :

La France, ce n'est pas seulement un empire, une nation, c'est l'idée vivante de l'affranchissement, de la dignité humaine, de l'indépendance et de l'humanité. Si pourtant la France résiste, que ferez-vous ?

Un négociant suisse, écrivant *de visu* les souffrances et les embarras de la Bavière où depuis longtemps des écoles ont été licenciées faute de charbon, où la vie est pénible et horriblement coûteuse, la police exigeante au point d'enfermer de jour les étrangers et ne leur permettre que des voyages de nuit, sans doute pour cacher les préparatifs de résistance, ajoutait que cependant il n'est peut-être pas un Bavarois qui ne fût persuadé que l'Allemagne a été perfidement attaquée par les alliés et que l'agresseur est l'ennemi. Que se produira-t-il quand la vérité sur les origines et les responsabilités de la guerre aura enfin pu franchir les frontières, quand la conduite vraie du gouvernement des hobereaux sera dévoilée ? Probablement rien de plus que ce qui se produisit en 1870, lorsque de courageux articles de journaux neutres, qui cependant étaient lus et pénétraient outre-Rhin, dénonçaient l'injustice des prétentions allemandes. Il est instructif d'exhumer à ce point de vue une protestation saisissante publiée à Bruxelles contre les appétits prussiens si unanimement manifestés par la presse allemande.

On lisait dans le numéro de *l'Indépendance Belge*

du 16 septembre 1870 : « Si l'on s'en rapporte au sentiment presque unanime de la presse allemande, une paix qui n'aurait pas pour base un accroissement de territoire au profit de l'Allemagne et au détriment de la France serait une duperie, une garantie illusoire de sécurité pour l'avenir. Ce sont là les exagérations et même de ces aberrations qu'explique, sans les justifier, l'ivresse de la victoire. Nous avons déjà protesté contre cette opinion qui s'est affirmée en Allemagne dans de nombreux articles de journaux et dans les délibérations solennelles de plusieurs associations publiques et privées. Nous tenons à renouveler cette protestation, à laquelle l'Allemagne s'associerait sans doute s'il ne s'agissait pas d'elle-même et si elle était de sang-froid.

« Le démembrement de la France serait une injustice et une grande faute. Une injustice, disons-nous, et pour nous contredire, qu'on ne nous objecte pas que l'Empire vainqueur n'aurait éprouvé aucun embarras à faire main basse sur la rive gauche du Rhin. D'abord, il ne s'agit plus de l'Empire; il est mieux que vaincu, il est mort. Et l'on peut dire que la France, deux fois sa victime, est pour toujours guérie de cette maladie inconstitutionnelle. Et puis, que signifie cette théorie de représailles de peuple à peuple, cette application du talion à la politique ? Vous vouliez me voler, je vous vole. Quelle est la valeur de ce raisonnement ? Si l'Empire vainqueur avait voulu ravir à l'Allemagne les provinces rhénanes dont le patriotisme est essentiellement allemand, — elles viennent d'en donner d'éclatantes preuves — nous aurions sévèrement jugé cette annexion, ce rapt. Chaque fois que cette malheureuse pensée s'est fait jour en France, nous l'avons condamnée dans l'intérêt de la paix, mais surtout au nom de la justice et du droit.

« Nous inspirant des mêmes principes, nous sommes autorisés aujourd'hui à blâmer tout projet d'annexion en sens inverse, à condamner avec la même énergie toute idée de diminution du territoire français. Nous la blâmons au nom de l'esprit moderne ; car s'il est une conquête de l'esprit moderne, c'est la négation de l'esprit de conquête... Nous ne pouvons nous décider à admettre qu'une nation victorieuse, si légitime et si complète que soit sa victoire, ait le droit de traiter à son gré les populations au milieu desquelles ses armées se sont installées et maintenues, le droit de les parquer dans tel ou tel Etat, comme on fait d'un troupeau dans telle ou telle étable.

« Les considérations utilitaires qu'invoque la presse allemande ne sont pas plus favorables à sa thèse que les considérations de justice et d'équité ; et loin de sauvegarder sa tranquillité et celle du monde, l'Allemagne s'exposerait, en abusant de sa victoire, à de perpétuelles inquiétudes, et elle déposerait sur le sol européen des ferments de guerre qui éclateraient infailliblement tôt ou tard. »

L'auteur de la réclamation indignée dont l'*Indépendance belge* se faisait l'écho en faveur des droits imprescriptibles des peuples et de la morale humaine ne pouvait pas supposer que la Belgique, violée au nom de ces mêmes considérations « utilitaires » dont il flétrissait l'expression, serait la victime de cette politique d'envahissement qui depuis Frédéric II a toujours été le « programme de la Prusse ». Les aveux, comme les prévisions, n'ont pas manqué cependant à travers l'histoire. Il ne sera point hors de propos de recueillir, d'où qu'elles viennent, certaines de ces « anticipations » qui avaient esquissé d'avance ce que logiquement devait faire la Prusse en suivant simplement la ligne tracée par Bismarck. L'agression de 1914 était un aboutissement nécessaire, facile à prévoir et que nombre de bons esprits ne s'étaient pas fait faute de dénoncer. Si nous n'avons pas été prêts, nous autres Alliés, ce ne fut pas pour n'avoir point été prévenus et avertis. L'incorrigible pacifisme, disons mieux l'inexplicable aveuglement de la France et de l'Angleterre nous coûtent cher aujourd'hui. C'est payer à haut prix l'évidence du moins invincible aux yeux de qui observe et réfléchit, que nous n'avions ni voulu, ni même prévu la guerre.

2 février 1917.

XII

ANTICIPATIONS

I

En pleine guerre de 1870 des esprits clairvoyants avaient dessiné par avance la courbe des événements d'aujourd'hui. Parmi les plus curieuses manifestations de ces vues anticipées de l'avenir que préparait à l'Europe la Prusse victorieuse, deux lettres de Michel Chevalier au ministre Glastone, écrites au mois de septembre 1870, méritent véritablement d'être remises en lumière. L'ancien disciple des Saint-Simoniens qui avait travaillé jadis aux grandioses projets du percement de l'isthme de Suez et étudié sur place les premiers dessins du canal de Panama, avait, en matière d'économie politique, un renom mérité. Comme, au milieu de nos malheurs de 1870, il avait reçu de Glastone une lettre très sympathique où le grand ministre l'invitait à lui demander tous les services en son pouvoir, il lui déclara franchement qu'une intervention de l'Angleterre limitant les appétits de conquête hautement avoués par la Prusse victorieuse serait un service éminent rendu à la France, non moins qu'à l'Angleterre et à toute l'Europe. Jules Favre, à qui Michel Chevalier communiqua plus tard le texte de ces lettres, les a publiées en 1876 dans le premier volume de son *Histoire du Gouvernement de la Défense nationale*. Il les faisait précéder de cette remarque qui n'a plus rien de désobligeant pour la cour de Londres :

Si un jour l'Angleterre se repent de ses hommes d'Etat, elle saura que les avertissements ne leur ont pas manqué.

L'Angleterre qui a clairement vu les conséquences du développement que le pangermanisme a tirées de sa victoire trop peu contrariée de 1870 ne désapprouvera aujourd'hui aucun des avertissements que transmettait à Glastone son correspondant de Paris. Bornons-nous à en rappeler les principaux traits.

L'esprit de l'Europe, son sentiment prononcé et vrai, c'est qu'il est d'intérêt général que chacun de ses Etats, même les petits, soit à l'abri de la destruction ou de l'aplatissement par une autre puissance. Il est d'intérêt européen au premier chef que la France reste une grande puissance. C'est l'intérêt anglais aussi et très fort...

La France sincèrement réconciliée avec l'Angleterre, je parle du peuple français, attend en ce moment une démarche caractérisée de son ancienne ennemie, devenue, à ses propres yeux, son alliée. Elle serait profondément désappointée si cette démarche n'avait pas lieu... Si... l'Angleterre restait inactive, le principe de l'alliance anglaise perdrait beaucoup de terrain en France. Vous en seriez vivement contrarié, vous qui avez tant coopéré à cimenter cette alliance. Les bons esprits de deux pays ne le seraient pas moins. Mais le mal serait fait...

La Prusse, une fois en possession de la domination sur le continent, comme elle sera si la France est écrasée et démembrée, n'en restera pas là. Elle prendra la Hollande et achèvera le Danemark. Si alors l'Angleterre vient lui faire des objections, elle répondra : « Ces deux pays nous sont nécessaires : quand on a la vallée du Rhin on a besoin d'en avoir la clef, c'est-à-dire les embouchures. Quand on a une grande marine et un grand commerce dans la Baltique, on a besoin d'en posséder l'entrée. Elle pourra ajouter que l'interposition de l'Angleterre en pareil cas est une « cause positive d'offense », mille fois plus que dans le cas de l'Alsace et de la Lorraine. Car la conquête de l'Alsace et Lorraine par la Prusse est une affaire de caprice. Nancy est aussi française que Paris, et les deux capitales de l'Alsace, Strasbourg et Mulhouse, à peu près autant. L'Allemagne n'a aucun intérêt à s'incorporer l'Alsace et la Lorraine, qui sont en dehors de sa topographie et de son hydrographie, au lieu que le Danemark et la Hollande, et peut-être la Belgique (notamment Anvers) sont dans la topographie naturelle et commerciale de l'Allemagne.

L'Angleterre a une admirable occasion de s'attacher la France... L'occasion n'est pas moins parfaite pour servir la cause de la paix que vous aimez tant, car si la France était aujourd'hui démembrée, elle resterait en Europe une cause de guerre.

Dans la lettre du 18 septembre, Michel Chevalier ajoutait :

... Une fois la France abattue, si elle l'est, la domination absolue de la Prusse sur l'Europe continentale sera un fait positif, au moins à l'ouest de la Vistule. Tout y passera de vive force ; la Hollande et l'Autriche d'abord, le Danemark, les royaumes scandinaves et la Belgique ensuite, l'un après l'autre. L'Italie qui n'est rien militairement — elle l'a prouvé en 1866 — acceptera d'être subordonnée. La Russie courra grand risque pour ses provinces allemandes. La puissante Albion pourra faire son deuil d'Héligoland, partie du sol sacré de la Germanie. Qui résisterait à la Prusse une fois la France écrasée ? Elle aura l'armée la plus nombreuse et la plus aguerrie, une armée enivrée par des victoires prodigieuses. Elle aura ce qui manquera à la Russie et obligera celle-ci à caler doux : le nerf de la guerre, l'argent qu'elle aura fait payer par la France vaincue. Comme mobiles pour tendre sa domination et pour l'affermir, la Prusse aura deux grandes forces de l'ordre moral : la passion du pangermanisme qu'elle a eu l'art d'insuffler aux imaginations allemandes et qui est devenue pour les Allemands un feu dévorant, et la pensée mystique du roi Guillaume qu'il a une mission divine, celle de constituer le pangermanisme à l'état de puissance politique, depuis les bouches du Rhin jusqu'à la Livonie et la Courlande.

Le roi Guillaume est un Mahomet pangermanique. Ce genre d'homme est tout ce qu'il y a de plus redoutable quand il a trouvé un peuple pour le suivre, comme c'est le cas ici, et comme ce sera le cas bien plus si Paris est pris et la France subjuguée.

... Par sa situation insulaire et par ses forces maritimes, l'Angleterre a moins à redouter de la dictature de la Prusse que les états du Continent. Mais quand la Prusse sera l'arbitre des états du Continent, avec la roideur qui est dans son génie, les rapports de l'Angleterre avec le continent seront ce qu'il plaira à la Prusse qui n'est ni accommodante ni commode. Que d'efforts ne faudra-t-il pas alors pour réparer le mal qu'il serait facile de prévenir aujourd'hui ou de beaucoup circonscrire !

II

A ces vues sur l'avenir dont le présent nous conduit à constater l'importance que Glastone n'y a sans doute point attachée, il convient de joindre d'autres pronostics empruntés, ceux-là, aux aveux non dissimulés de l'adversaire. L'Allemagne aujourd'hui, par la plume de ses apologistes, voudrait bien désavouer cette course à l'hégémonie mondiale qui a été pour elle la course à la mort.

De fait, la rapide « conquête de Paris » une fois manquée, la marche sur Calais désormais arrêtée par l'armée anglaise, maintenant « moins » méprisable, et le coup décisif de Verdun dûment avorté, on conçoit que les « buts de guerre » d'antan se bornent soigneusement à sauver la mise en vue d'un essai meilleur. Mais il faut recueillir les aveux antérieurs à tant d'échecs successifs. Aux premiers mois de la guerre, le Dr Ricardo Jorge, professeur à la Faculté de médecine de Lisbonne, dans son discours présidentiel prononcé le 5 décembre 1915 à la Société des Sciences médicales de la capitale portugaise, analysait les caractères pathologiques de cette mégalomanie allemande qui venait de dicter aux 93 intellectuels d'outre-Rhin leur malencontreux manifeste. Montrant la profondeur et l'ancienneté du mal, il disait: « La vanité maladive que l'Allemagne imputait à la France comme un stigmate exécrable, s'est à son tour attaquée au vainqueur glorieux... Dès 1875, Spencer, dans l'*Introduction à la Science sociale*, disséquant d'une main sévère les préjugés patriotiques, prend à partie l'exaltation orgueilleuse du peuple d'outre-Rhin et invoque le témoignage d'un de ses amis, professeur en Allemagne, qui se plaignait à lui que ses compatriotes n'avaient sans cesse à la bouche, après la victoire, que l'unité allemande, l'empire allemand, l'armée allemande, la science allemande, l'industrie allemande... « Ils se moquent des Français, et, en somme, l'esprit qui les anime, c'est l'esprit français traduit en allemand. » C'est le cas ou jamais de dire que le traducteur trahit la pensée qu'il a cru comprendre. La vanité française a trop souvent abouti chez nous au dénigrement de soi-même, mais on peut dire qu'à force de se surfaire, la teutomanie a indisposé tout le monde. Le plus curieux est que les docteurs du pangermanisme furent des étrangers : l'ineffable Gobineau, dédaigné de ses compatriotes, a été canonisé par les Germains qu'il a glorifiés, sans que jamais, du reste, la grossièreté de l'encens brûlé en leur honneur ait offusqué leur épaisse narine, et l'Anglais Houston Chamberlain, qui a théorisé l'impérialisme sourdement rêvé par l'Allemagne unifiée dans la victoire de 1870. Michel Chevalier avait décrit le mysticisme du premier Guillaume et prédit les effets de la couronne impériale sur cette tête affaiblie. Le petit-fils devait faire regretter le grand-père. Citons encore Ricardo Jorge : « En Allemagne, oui, c'est là que se trouve le centre naturel du pangermanisme, sous l'hégémonie de la Prusse et sous l'autorité pontificale de la monarchie des Hohenzollern, du Kaiser Guillaume II, le souverain oint pour ceindre la tiare (Fuchs, 1904,

— Reimer, 1905), Messie sacré de la nouvelle religion qui a pour dogme l'absorption mondiale dans l'*Alma mater* ».

Et après avoir rappelé comment les faits et gestes de l'empereur allemand se sont imprégnés de ce nouveau mysticisme anthropologique, et pourquoi il a dépensé dix mille marks à répandre l'œuvre de Chamberlain qui servait si puissamment ses aspirations, le docteur portugais ajoute : « Cette espèce de social-ethnocratie, comme on pourrait l'appeler, revêt enfin une expression géographique, s'incarne mystiquement dans une nation et dans un homme... Il faut multiplier le Germain, lui donner des terres et des moyens d'existence, *mehr land*, en dépouillant, en anéantissant le non-Germain... Quelque audacieuses que paraissent de telles propositions, les fauteurs et les mentors de l'impérialisme tudesque n'ont cependant pas craint de les régler et de les détailler. Les moyens immédiats de réaliser ces commandements surhumains sont la diffusion de la kultur allemande, la persuasion de sa supériorité, la propagande du panteutonisme, et si, malgré tout, cette leçon obstinée et convaincante est insuffisante, alors, *l'ultima ratio*, la force des armes... » Vous reconnaissez là le Mahomet pangermanisme déjà décrit par Michel Chevalier.

Celui-ci, pour combattre l'hégémonie despotique qu'il voyait venir de loin, avait suggéré à Glastone un moyen digne de l'Angleterre et de ses traditions délibérantes. Il avait écrit dans sa seconde lettre :

... Les événements qui se passent et ceux qui sont possibles et éminents étant si graves et intéressant à un si haut degré l'Europe entière et l'Angleterre elle-même, ne serait-ce pas le cas de réunir le Parlement pour qu'il en délibérât ? De la part d'un gouvernement aussi parlementaire que le vôtre, ne serait-ce pas naturel ? Vous y trouveriez l'avantage de dégager votre responsabilité. N'y a-t-il pas aussi quelque lieu de supposer que cet acte, très pacifique et très impartial en lui-même, donnerait à réfléchir au cabinet de Berlin et aux Allemands, et leur recommanderait une modération qu'ils méconnaîtraient s'ils étaient absolument livrés à eux-mêmes ? La sagesse et l'esprit pratique des délibérations du Parlement britannique, la première assemblée délibérante des deux hémisphères, sans blesser en rien l'orgueil des imaginations germaniques, les contiendraient dans leurs écarts.

Il n'est pas désagréable de constater que les délibérations de la Chambre des Communes, comme celle de la Chambre haute, ont aujourd'hui sanctionné la suggestion proposée en 1870 par l'économiste français. Les successeurs de Glastone et le peuple anglais tout entier s'unissent à la France pour débarrasser l'Europe de celui que lord

Curzon a qualifié de chien enragé, le militarisme prussien imposé, par la connivence de l'Allemagne subjuguée, à tous les peuples grands ou petits auxquels le droit de vivre ne pourrait être accordé qu'avec la permission du César, nouveau Messie. L'affranchissement est décrété ; la force des armées alliées l'accomplira pour délivrer le monde du cauchemar allemand.

5 février 1917.

XIII

L'ALLEMAGNE EN FACE DE LA VÉRITÉ

Le 29 février 1836, M. Thiers qui, dans le ministère nouvellement reconstitué, venait de prendre le portefeuille des Affaires étrangères, écrivait au comte de Saint-Aulaire, notre ambassadeur à Vienne, à propos de l'occupation de Varsovie par les troupes autrichiennes : « Ne croyez pas que j'aie peur des affaires. Je les accepte, quand elles viennent, et je résoudrai celle-là, comme une autre, *avec le vrai*. Mais, je vous en prie, hâtez-vous de me faire connaître *le vrai* ». Cette disposition d'une diplomatie franche, l'homme d'Etat nouvellement promu au pouvoir ne l'introduisait pas dans son département. Elle y était une tradition ancienne et elle y demeura, elle y demeure toujours après lui. La loyauté, la droiture, qui est, en somme, la plus habile et en tous cas la plus honnête des politiques, a déserté depuis longtemps la chancellerie allemande. Nous le savons, et l'Europe, non moins que l'Amérique du Nord et du Sud, en est convaincue, comme la Chine et le Japon. Mentir et falsifier les pièces est devenu, pour la cour de Berlin, un système, un de ces besoins auxquels la nécessité qui autorise tout, accule, de leur aveu, les Empires du Centre. Mal engagés dans la guerre où leur duplicité a fait naufrage, ils sont contraints, comme le confessait ingénuement un de leurs journalistes dès les débuts du conflit, à remettre, après la conclusion de la paix, ce qu'il nommait naïvement le retour à « leur sincérité native ». Le mot est assez joli pour un peuple dont les historiens de Rome avaient déjà souligné la propension au mensonge. Mais quand Velleius Paterculus ne nous aurait pas marqué ce trait, quand la fameuse expression, querelles d'Allemand, en plein cours chez les diplomates du xvi° siècle, ne nous avertirait pas de nous défier fortement des négociateurs d'outre-Rhin, la preuve est désormais surabondamment écrite dans le triste *Livre blanc* (supplément compris) que le gouvernement du Kaiser a sciemment trompé son peuple et voulu tromper les autres en rejetant sur autrui la responsabilité de la guerre.

Que Guillaume II persévère dans son audacieuse affirmation, rien de plus inévitable ; qu'il emploie toutes les ruses pour persuader à l'Allemagne, qui en a besoin plus que jamais, que lui, le pauvre empereur si pacifique, si méchamment attaqué, n'a pas voulu cette guerre, comment en pourrait-il être autrement ? Il lui faut bien maintenir et confirmer la thèse effrontée de son livre diplomatique, aggravée par la publication en avril 1916 des « Pièces diplomatiques relatives à l'explosion de la guerre, éditées par le département des Affaires étrangères ». Cent fois l'étude a été reprise des origines de la guerre voulue et préméditée par l'Allemagne, déclanchée à l'heure choisie par elle. Si l'on en veut un résumé à la fois succinct et complet, appuyé sur des preuves claires et accompagné d'excellentes références, on le trouve au second chapitre d'un excellent opuscule publié par le président de la Société d'Archéologie de la Drôme : Mgr Charles Bellet, sous le titre : *La haine de l'Allemagne contre la vérité* (Paris, A. Picard, 1916, In-8° de 76 pages). Puisque, malgré l'invraisemblance du fait, il est encore nécessaire, nous dit-on, de traiter ce sujet et que, même hors de l'Allemagne soigneusement protégée contre l'infiltration des vérités contraires au *Livre blanc*, certains esprits ignorent encore comment s'est déchaîné le cataclysme, la lecture de cette étude sera utile. La parfaite tenue du ton, aussi ferme que modéré, la clarté de l'exposition rendent le livre précieux, d'autant que la copieuse bibliographie des sources consultées par l'auteur en fait un résumé intéressant de la littérature de guerre qui tous les jours s'enrichit de publications nouvelles. A bon droit le rapporteur de tant de pièces du vaste procès a donné la primauté aux sources officielles et authentiques. Conduit par la confrontation des documents qu'invoquent les divers peuples à s'inscrire en faux contre la conclusion par trop ironique du Mémoire allemand qui déclare son pays victime de la plus noire machination et uniquement préoccupé de la paix et du bonheur des peuples, il conclut :

« La vérité est quelque peu différente. Elle ressort nettement de l'étude comparée de tous les documents diplomatiques. Cette étude autorise tout historien vraiment impartial à formuler le jugement suivant :

Après avoir, au mois d'août 1913, essayé d'attaquer la Serbie, l'Autriche dut y renoncer devant l'attitude de l'Italie.

Le 24 juillet 1914, elle a remis à la Serbie une note avec des conditions si exorbitantes qu'il fallait s'attendre à une guerre austro-serbe. »

Après avoir rappelé comment, malgré la méritoire soumission du gouvernement de Belgrade, « l'Autriche estima la réponse insuffisante, *sans même l'avoir examinée* » et déclara la guerre, l'auteur détaille les responsabilités de l'Autriche, repoussant « toute conversation avec la Russie », la proposition de Sir Edw. Grey, les deux formules de transaction dues à M. Sazonoff, et il ajoute :

« Enfin, elle a, la première, commencé la mobilisation et les opérations militaires ».

Cette question capitale et bien mise au point, ce qui était indispensable, car c'est ici que les faux et les réticences du *Livre blanc* font merveille, ont amené les conclusions suivantes où l'on voit à l'œuvre la main de l'Allemagne conduisant le conflit au terme espéré et attendu par l'Etat-Major de Berlin :

« L'Allemagne a laissé à l'Autriche les mains libres contre la Serbie, refusant d'intervenir sérieusement auprès de son allié pour l'amener à plus de modération, bien qu'elle sût qu'un conflit européen résulterait du conflit austro-serbe.

Elle a toléré que l'Autriche envoyât à la Serbie une note, véritable ultimatum avec des conditions excessives... Elle en connaissait d'avance la teneur tout en feignant de l'ignorer.

La guerre une fois déclarée, ce qui était pour l'Allemagne le préliminaire indispensable à la réussite de son dessein, elle a hypocritement fait croire à des tentatives de conciliation, dont les documents diplomatiques ont démontré l'inanité voulue.

Elle n'a jamais adhéré, continue le réquisitoire motivé extrait de la confrontation des livres diplomatiques, aux propositions conciliantes et très acceptables de la France, de l'Angleterre et de l'Italie, demandant une voie de médiation qui aurait ménagé toutes les susceptibilités.

Elle a cherché à obtenir de l'Angleterre la promesse de sa neutralité, et par là elle a ouvertement dévoilé son intention bien arrêtée de faire la guerre, alors que les puissances alliées, y compris l'Italie, travaillaient activement au maintien de la paix.

Elle a rendu la guerre inévitable par son brutal ultimatum à la Russie, suivi de celui qu'elle a porté à la France, prétextant faussement, et cela sciemment, que la Russie avait la première mobilisé, alors que ce grave tort est imputable à l'Autriche seule. »

Si l'on avait le loisir de se reporter aux détails topiques qui soulignent l'audace des déclarations de guerre de l'Allemagne, on insisterait sur les motifs gravement allégués à Paris par M. de Schœn, sur ce « bombardement de Nuremberg par les aviateurs français signalé le 3 août à 5 heures du soir pour justifier la rupture diplomatique, fable que les Allemands eux-mêmes ont été ensuite forcés de démentir un an après (1). Mais à quoi bon s'attarder aux mensonges secondaires, alors que l'aveu forcé des faux Allemands

---

(1) Voir le *Journal des Débats* du 29 mai 1916, et plus haut, p. 82.

ressort non seulement de la comparaison des divers livres diplomatiques et des pièces qu'ils ont révélées, mais des silences calculés, des omissions d'ailleurs maladroites opérées à dessein dans le mémoire apologétique allemand, le plus pauvre en pièces justificatives (28 en tout), alors que le *Livre bleu* serbe en avait produit à lui seul 58 ?

« Les Allemands, conclurons-nous avec l'auteur cité, ont beau payer d'audace et rejeter les responsabilités sur les autres ; ils ont beau frelater leurs documents et dénaturer les faits, la vérité les domine de haut, et, loin qu'ils l'aient pour alliée, ainsi qu'ils le prétendent, c'est elle, au contraire, qui est leur ennemie, qui leur fait la guerre et qui triomphera de leur perversité. »

En effet, le vrai, cet auxiliaire de la diplomatie franche auquel M. Thiers faisait appel en 1836 à propos de la délicate affaire de Varsovie, suffira de plus en plus à ruiner les tentatives malhonnêtes et maladroites d'une propagande pro-allemande dont les efforts multipliés font plus, chaque jour, pour la cause des alliés et du bon droit que des apologies superflues. Il est superflu d'exposer amplement la suite des falsifications germaniques. Nous avons de meilleurs aveux ; car, après avoir cherché à nier leur injuste agression, les Allemands, bourreaux de la Belgique qu'ils avaient violée, ont tenté de salir leurs victimes. La trop ingénieuse légende des francs-tireurs belges, loin d'effacer les atrocités de Visé, de Louvain et de Dinant, a fait descendre plus bas dans le mépris des peuples civilisés ce peuple qui fait de la calomnie scientifique son arme de prédilection. Telle diplomatie, telle armée. L'Allemagne qui avait souvent insisté sur le rôle subordonné des chanceliers et des ambassadeurs à l'égard de l'Etat-Major, chef suprême du pays allemand en guerre, n'aura pas lieu de se réjouir, pour sa réputation future, des hauts faits de ses hommes d'Etat. Les successeurs de Bismarck n'ont su imiter que sa duplicité, moins la manière, moins le génie du mensonge.

9 février 1917.

XIV

LA TRAITE DES BLANCS

L'ensemble des Allemands, — car il faut faire
part d'honorables exceptions du moins possibles,
bien que muettes encore — s'obstine à couvrir et
à défendre à outrance les procédés de leur Kaiser.
Ce nouveau Messie, d'étrange sorte, est au-dessus
de tout, et ses trop dévoués sujets s'indignent des
épithètes qu'il s'est attirées. Pour un peu, ils dé-
nonceraient, dans ces atteintes au respect qu'ils
prétendent dû à leur idole, des crimes de lèse-
majesté. Ils y voient surtout de graves infractions
à la neutralité. Aussi je ne suis pas bien certain que
le qualificatif Guillaume le Négrier dont l'insaisis-
sable et courageuse « Libre Belgique » flétrit le
César allemand, ne constituera pas un délit de
presse, passible au moins de la censure. Le caviar
ou les tribunaux trop amis de l'impartialité sereine
et du bon renom du sanglant souverain qui gère
les Empires du Centre ne pourront rien pourtant
contre les stigmates qu'infligera l'histoire. Elle
dira comment la rénovation en grand, en colossal, de l'esclavage antique tenta de faire reculer

l'humanité jusqu'au siècle d'Alaric ou d'Attila.

Demeurons aujourd'hui dans des régions purement historiques, au temps où la Grèce luttait contre ses bourreaux turcs, alliés tout désignés du grand directeur des déportations de Belgique. En 1826, à la Chambre des Pairs, Chateaubriand, alors un des chefs de l'opposition, trouva le moyen de se déclarer pour la Grèce victime et de protester contre la traite des blancs que les Ottomans pratiquaient alors sur leurs navires et même sur des vaisseaux neutres.

Bien qu'il fût interdit de traiter à la tribune la politique étrangère, de peur de nuire aux combinaisons timides du cabinet de Villèle, l'ancien ministre glissa sa déclaration, à la faveur d'un ingénieux amendement, dans un projet de loi alors débattu sur la police des mers du Levant. Son discours, prononcé à la séance du 13 mars 1826, mérite d'être rappelé. En voici quelques fragments : « Messieurs, j'ai remarqué dans le projet de loi soumis à votre examen une lacune considérable et qu'il est, selon moi, de la dernière importance de remplir. Le projet parle des contraventions.... Il en résulte que ces contraventions, etc. (non prévues par les lois pénales) ne peuvent être atteintes par les lois pénales existantes. Ainsi, par exemple, Messieurs, il a été loisible d'entreprendre la traite des noirs jusqu'au jour où on l'a défendue. Eh bien ! un crime pour le moins aussi effroyable, que je nommerais la traite des blancs, se commet dans les mers du Levant, et c'est ce crime que mon amendement vous propose de rappeler afin qu'il puisse tomber sous la vindicte des lois françaises. »

Le noble pair faisait remarquer que l'expression trop spéciale « toute part quelconque qui sera prise au *trafic connu sous le nom de traite des noirs* sera punie » désarmait nos consuls contre les capitaines de vaisseaux qui transporteraient des esclaves blancs ramassés par les Turcs, et supposant deux navires abordant ensemble à Alexandrie, un négrier parti d'Alger, de Tunis ou de Tripoli et « un autre vaisseau chargé de malheureux esclaves grecs enlevés aux champs dévastés d'Argos et d'Athènes », il ajoute : « Vos lois puniront dans le même lieu, dans le même port, à la même heure, le capitaine qui aura vendu un homme noir, et elles laisseront échapper celui qui aura trafiqué d'un homme blanc ». Chateaubriand demandait donc que les mots plus compréhensifs *trafic des esclaves* fussent substitués à *traite des noirs*.

L'amendement fut combattu par le garde des sceaux comme superflu et visant un crime réputé impossible. Nous savons, aujourd'hui plus que jamais, que toutes les horreurs, même invraisemblables, même omises comme telles dans les conventions de La Haye sont aussi lamentablement fréquentes que les contraventions à ces mêmes prohibitions humanitaires, foulées aux pieds par l'Allemagne. Le « chien enragé de l'Europe », suivant le mot expressif de Lord Curson, s'embarrasse peu de noyer des innocents ou de contraindre des civils à travailler dans des usines de guerre contre leurs compatriotes. Mais en 1826 on ne pouvait prévoir Guillaume II. Appuyé par Laîné, l'amendement « en faveur des Grecs » fut voté par les Pairs, mettant le ministère en mauvaise posture devant l'opinion.

Le *Journal des Débats* du 16 mars 1826 soulignait en ces termes la véritable portée de ce succès : « La victoire obtenue sur le ministère dans la chambre haute par M. le vicomte de Chateaubriand et Laîné est un véritable événement. C'est une chose glorieuse pour la Chambre des Pairs, glorieuse pour notre temps, glorieuse pour la France, que la consécration de ce principe qu'un Français est criminel aux yeux de son pays quand il concourt à réduire un de ses semblables en servitude. Ainsi une pratique abominable que l'antiquité inventa, que sanctionnèrent ses philosophes, à laquelle s'associèrent dans le monde entier ses législateurs et ses sages, l'esclavage est hautement réprouvé, hautement flétri par les législateurs dont notre patrie s'honore ».

On peut laisser au lecteur le soin d'appliquer ces textes aux événements d'aujourd'hui. Les phénomènes de régression dont la *Kultur* nous donne le spectacle dans la traite des civils condamnés aux travaux forcés et réduits en esclavage pour « sauver » l'Allemagne ne peuvent qu'éclairer le monde et justifier le mot cruellement sinistre de Ruydard Kipling : « L'Humanité se divisera désormais en deux catégories : les Hommes et les Allemands ».

Revenons à Chateaubriand et aux séances de la Chambre des Pairs où il combattait pour la Grèce et pour l'humanité. Il est assez piquant de constater que la lacune qu'il signalait dans la législation française avait été partiellement comblée trois ans auparavant par une ordonnance de Charles X, en date du 18 janvier 1823.

Le *Journal des Débats* qui en signale la découverte et la cite dans son numéro du 19 mars, y joint ces réflexions : « On voit... que cette ordonnance fut rendue lorsque M. de Chateaubriand, nouvellement entré dans le Conseil des Ministres, avait vraisemblablement alors quelque influence dans le Conseil, et que les ministres aujourd'hui avaient si complètement oublié cette ordonnance qu'ils ne s'en sont même pas servi pour combattre l'amendement du noble pair ». A quoi il est permis peut-être d'ajouter que le noble pair avait lui-même assez oublié l'ordonnance pour ne pas en fortifier son amendement. Les *Débats* continuent : « L'eussent-ils fait, on eût adopté l'amendement », parce qu'une loi inviolable partout l'emporte sur une ordonnance de simple police ».

C'est d'un intérêt très rétrospectif de constater avec l'opposition d'alors que les ministres niaient en 1826 ce qu'ils avaient affirmé en 1823. Mais il est plus curieux de constater, comme nous y invite certain « Diplomate » anonyme qui nous adjure de ne point faire de politique de sentiment ni d'escompter la « reconnaissance » future des nations, combien la Grèce est aujourd'hui loin de ce que la rêvait Chateaubriand. Raison de plus peut-être pour citer ses paroles. Il avait dit, dans le discours du 13 mars, prévenant ou aiguillonnant les alarmes du Cabinet résolu à ne point intervenir pour les Grecs, de peur de se brouiller avec les Turcs et avec d'autres peuples plus voisins de nous : « Ne craignez pas, Messieurs, que je vienne vous faire ici un tableau pathétique des malheurs de la Grèce, que je vous entraîne dans ce champ de la politique étrangère où il ne vous conviendrait peut-être pas d'entrer. Plus mes sentiments sont connus sur ce point, plus je mettrai de réserve dans mes paroles. Je me contente de demander la répression d'un crime énorme, abstraction faite des causes qui ont produit ce crime et de la politique que l'Europe chrétienne a cru devoir suivre. *Si cette politique est erronée, elle sera punie ; car les gouvernements n'échappent pas plus aux conséquences de leurs fautes que les individus* ».

Cette leçon aux peuples et à ceux qui les gouvernent est de tous les temps. Combattants et neutres peuvent se mettre à l'école de ces réflexions philosophiques et il est certain que les crimes collectifs, qu'ils soient d'abstention ou d'action, ne peuvent être payés que par les collectivités qui s'en rendent coupables. Il n'y a pas d'au-delà pour les nations : elles sont châtiées ou récompensées ici-bas.

Dans sa réplique au Garde des sceaux, Chateaubriand avait dit : « M. le Garde des sceaux ne me semble pas avoir détruit ni ce que j'ai avancé touchant le crime, ni ce que j'ai soutenu sur la complicité du crime. Il se contente de tout nier. Mais nier n'est pas prouver. Et moi, pour soutenir que les transports d'esclaves existent, je m'appuie sur les rapports de tous les voyageurs, sur les récits de toutes les gazettes imprimées en Orient... Voilà, Messieurs, des faits connus de tout l'univers ! »

Encore une fois, l'actualité de ces souvenirs d'histoire ancienne est inutile à signaler. Nous connaissons cette tactique qui nie tout. *Il n'est pas vrai*, c'est le couplet des 93 « intellectuels » allemands ; couplet commode qui prouve peu contre des faits trop prouvés.

Jadis, célébrant la victoire signifiée par l'adoption de l'amendement du 13 mars, le journaliste des *Débats* avait écrit : « Il y a enfin un grand peuple qui a pris fait et cause pour la Grèce, qui a dénoncé à l'humanité ses bourreaux, qui a intercédé pour les martyrs de tout ce qu'il y eut jamais de grandes et saintes causes sur la terre, la patrie, la religion et la liberté ».

Aujourd'hui, c'est l'Europe entière, ce sont les deux mondes qui s'émeuvent pour réprouver les déportations de la Belgique, du Luxembourg et des pays occupés par l'Allemagne. Qui osera jamais réhabiliter les bourreaux ? Qui ne méprisera l'auteur responsable de cette traite des blancs qui nous fait reculer jusqu'aux siècles barbares ? A ces tristesses, il est une compensation pourtant, c'est de voir clair, c'est de retrouver les Germains de Tacite, combattant *ad prædam*. Peuple de proie, pirates et égorgeurs, ils n'ont changé que leurs armes ; les âmes n'ont pas varié. Guillaume le Négrier est leur digne monarque ; mais a-t-on le droit de le dire ?

12 février 1917.

XV

SOLUTIONS COMPLÈTES

Parmi les bons ouvriers qui travaillent à réparer les ruines accumulées sous l'influence de la guerre, il faut certainement compter le R. P. Gillet, de l'Ordre de Saint-Dominique. Son livre, *L'Eglise et la famille*, que vient d'éditer la maison Desclée, est une de ces œuvres utiles qui comptent et opèrent le bien qu'elles tendent à promouvoir. Ce livre en effet est « le produit de dix conférences données à l'Institut Catholique de Paris pendant le premier trimestre de l'année scolaire 1916-1917 ». La question sociale et vitale qui est traitée mérite entre toutes l'attention. « Si l'on réfléchit, lit-on dans la préface après une statistique douloureuse et effrayante des décroissances progressives de la natalité française depuis quarante années, si l'on réfléchit que depuis lors, la guerre, en décimant nos jeunes gens par milliers, a posé ce redoutable problème de la population à l'état aigu... on conviendra qu'une étude sur l'Eglise et la famille s'impose d'elle-même à... tous les Français qui ont gardé au cœur le culte de la patrie et de la religion. »

On a dit : la guerre détruit, l'éducation construit. C'est profondément vrai et l'un des plus efficaces remèdes aux maux présents est de faire œuvre de saine éducation. La vérité nettement vue et courageusement dite est toujours salutaire et l'auteur du nouveau volume n'a pas eu tort de penser que parmi les arguments de nature à ramener ceux qui croient et veulent pratiquer leur foi à l'observation des règles morales qu'elle leur enseigne, le rappel « de cette triste réalité sociale que beaucoup ignorent » aurait son efficacité. Il a donc voulu montrer aux catholiques que les fautes commises en matière de limitation volontaire des naissances, « en compromettant personnellement leur salut..., mettent aussi en péril celui de la société... attendu qu'*en justice*, ils sont tenus de donner à la société les enfants dont elle a besoin ».

Les austères leçons que rassemble ce livre répondent à cette constatation indiscutée : la véritable cause de la dépopulation en France, c'est la faiblesse de la natalité. Cette faiblesse étant non pas congénitale (la légende de notre dégénérescence propagée par l'Allemagne a fait long feu) mais voulue, on a le droit de dire : au premier rang de ces causes de la stérilité volontaire et intentionnelle, il faut placer la *disparition quasi absolue de l'éducation religieuse*.

« C'est, ajoute l'auteur, de la plupart des familles chrétiennes que l'éducation a disparu en France... et c'est pourquoi, en abordant un problème aussi vaste et aussi complexe que celui de la Famille française, à l'heure présente, je l'aborde surtout en éducateur. »

Malgré les précautions qu'a prises le P. Gillet pour ôter à sa thèse ce qu'elle pourrait offrir d'absolu et ne point présenter « l'éducation religieuse » comme une panacée universelle, il n'est point inutile de constater que des îlots, trop clairsemés sans doute et des élites, moins rares peut-être que leur condition d'exception ne le laisse entendre, ont subsisté chez nous. Certaines listes de « belles familles » ont étonné le monde et un peu nous-mêmes, Français, qui nous ne nous connaissions guère et savions nous dénigrer à plaisir. Mais ces réserves faites, et elles ne sont pas superflues, il faut donner acte au conférencier qu'il a eu raison de professer que l'éducation religieuse « n'est qu'un remède entre beaucoup d'autres, tout en étant supérieur aux autres. »

Il a de meilleur que les autres remèdes d'entrer plus profondément dans le vif du sujet, d'atteindre aux sources profondes de la volonté. Mais en cette crise, aucune solution utile ne doit être écartée et le mal est assez pressant pour que tous agissent suivant leurs moyens et leur influence.

« Rendre à la nation le goût de la famille par la réforme des mœurs et des lois, c'est à quoi doivent tendre tous les efforts, d'où qu'ils viennent. Or, s'il appartient surtout à l'Etat de réformer les lois, c'est avant tout le propre des éducateurs de réformer les *mœurs*. » On ne saurait mieux exprimer ces vérités trop évidentes et d'autant plus connexes que les lois, on le sait trop, ne peuvent rien contre les mœurs et que les réformes ne se décrètent guère efficacement ni utilement si chacun n'y aide. Dans un article déjà ancien, car il date du 28 juin 1916 et porte sur un sujet tout différent du nôtre, M. Jean Herbette, sous le titre : *Au bruit du canon anglais*, soulignait la manière empirique de l'organisation anglaise dans l'effort réalisé pour devenir « une grande puissance militaire ». Il écrivait : « En Angleterre même, on a reproché à l'organisation anglaise d'être empirique et lente. Reconnaissons à notre tour, non par complaisance pour nos alliés, mais dans l'intérêt de nos espérances actuelles et de notre politique future, que l'empirisme a produit l'ampleur, et que la lenteur a produit la solidité.

M. André Chevrillon a admirablement exposé, dans son ouvrage sur l'Angleterre et la guerre, la différence radicale qui existe entre l'effort anglais et l'effort allemand. L'effort allemand vient d'une idée préconçue qu'un gouvernement impose à la masse. L'effort anglais est la somme d'une infinité de volontés individuelles qui se forment au contact des faits et qui se disciplinent pour atteindre un but commun. Il en résulte que l'effort allemand se déclanche dès le premier moment comme une machine bien montée, mais qu'à la longue il est toujours court par quelque endroit : car un plan préconçu ne peut pas tout prévoir, surtout quand il est immoral. L'effort anglais, au contraire, s'accroissant et s'endurcissant chaque jour au choc des réalités, peut suffire à la tâche la plus lourde, à condition qu'il ait le temps pour lui.

Le temps, c'est la France qui l'a apporté. »

Il n'est pas difficile d'appliquer à la réforme des familles les principes énumérés dans le parallèle fait par M. André Chevrillon entre les deux manières du quasi collectivisme allemand et de l'individualisme anglais. Ce sont d'ailleurs de graves problèmes sociaux que soulève la tentation trop commune d'opposer l'individu à la société jusqu'à les mettre en conflit ou sacrifier l'un à l'autre. Le R. P. Gillet a traité cette question avec ampleur et il convient de renvoyer à son étude. Ce qu'il est permis de retenir ici, c'est la netteté de son programme. « Tout homme, écrit-il, a le devoir de contribuer à la perpétuité de sa nation, exactement comme il a le devoir de la défendre. Voilà la vérité essentielle qu'il s'agit de mettre en lumière et que je voudrais voir inculquer à tous les Français. » C'est là un enseignement « humain » et universel et si les peuples, quels qu'ils soient, s'en inspirent, la prospérité qui est leur fin sur la terre, leur sera certainement assurée. Une fois de plus il sera démontré que la loi morale est la meilleure, la suprême, sinon l'unique garantie des sociétés. L'éducation « religieuse » à laquelle l'auteur attribue avec raison un rôle si important dans la solution du grave problème qui est et restera, quoi qu'on fasse, à l'ordre du jour pour longtemps, a la prétention, et justifiée, de montrer que pour répondre à la fois aux exigences de la science et de la raison, dans la question des rapports réciproques de la société et de l'individu, il faut au-dessus de ces deux termes, qui ne sont pas des fins, « admettre l'existence d'un Etre qui, par sa transcendance même soit la raison d'être absolue de la société et des individus... la règle inviolable de leurs droits et le fondement inébranlable de leurs devoirs ».

Il en faut bien revenir à la parole du Psalmiste : *Nisi Dominus ædificaverit domum*, et reconnaître l'inanité des constructions sans base éternelle. Or, pour que chaque homme reconnaisse à la fois son automonie et sa subordination native pour qu'il soit aidé, mais non absorbé par l'être collectif dont il fait partie, sa condition sociale lui doit être enseignée au vrai. Aussi l'auteur du livre est-il en droit de conclure le chapitre où sont magistralement discutées les données rationnelles du grand problème de demain par cette déclaration :

« Si les individus d'une part, et la société de l'autre, au lieu de tant parler de leurs droits, s'occupaient un peu plus de leurs devoirs, ils seraient bien près de résoudre la question sociale... Le redoutable problème de la famille qui nous préoccupe tout particulièrement ne paraîtrait pas aussi insoluble. Tout le monde finirait par comprendre que, sans porter atteinte aux droits réciproques de la société et de l'individu, tout homme a le devoir de contribuer à la perpétuité de sa nation exactement comme il a le devoir de la défendre. »

La question est assez vaste et actuelle pour qu'il soit opportun de revenir encore sur le volume où elle est traitée (1).

19 février 1917.

(1) Voir plus bas, § XVII, p. 133, et § XVIII, p. 144.

XVI

ENTRAINEURS D'AMES

Dans toutes les institutions et sous tous les régimes, et plus que jamais peut-être quand, au lieu d'un pouvoir monarchique et centralisé, l'opinion gouverne, faite d'une collectivité de volontés tendues vers le même but, le rôle des élites a été souverain. Les vrais et efficaces courants directeurs sont la résultante des vues les plus éclairées, des emprises les plus fortes et l'union, comme la discorde, dépend de l'influence des entraîneurs d'âmes. On l'a vu plus qu'auparavant peut-être durant cette guerre véritablement sans précédent connu dans l'histoire. Les glorieux Livres d'or et de sang dont se réclament à bon droit toutes les professions, libérales ou manuelles qui nombrent leurs morts et pèsent les grands exemples inscrits à l'actif des divers « corps de l'état » membres de la famille française, attestent cette puissance d'action des véritables dirigeants, parfois inconnus la veille. L'héroïsme anonyme a coulé à pleins bords, mais c'est parce que dans le flot des dévouements obscurs entraînés en une seule masse compacte il est possible de distinguer les éléments actifs qui donnaient au courant sa force et son orientation. Ce n'est ni le grade en soi ni la fonction qui créent cette maîtrise et cette autorité qui se révèlent à l'heure de l'action. Qui dira pourquoi et comment, dans une troupe subitement privée de ses chefs, l'œuvre utile à faire, le moyen le meilleur de sauver ou de rétablir la situation jaillit tout d'un coup d'un de ceux qui sont là tous égaux devant le danger, et d'un commun accord acceptent et comprennent le mot d'ordre, le cri de ralliement spontané sorti au moment opportun et tout à la fois proféré et écouté par une sorte d'instinct collectif ? Le mystère de ces influences, on peut laisser aux psychologues le soin de l'expliquer, s'ils en ont le loisir ou l'habileté. L'important, pour le bien de tous, c'est que le fait existe. On l'a maintes fois constaté depuis que la « nation armée » ne fait plus qu'un front devant l'ennemi. Il importe que l'ambition noble et salutaire d' « égaler » les meilleurs, de s'élever, mais pour mieux servir, et non pour se servir des autres, possède tous les cœurs. La dette de tous sera immense envers ceux qui sont tombés ; la besogne sera formidable pour continuer leur effort et refaire, selon leurs vues, la « plus grande France » qu'ils ont rêvée et pour laquelle ils sont morts. Comment ne point trouver dans de si poignants souvenirs et devant une tâche si belle et si vaste les mobiles d'une émulation égale pour tous et inspirant à chacun l'intense désir de s'appliquer de son mieux à sa part d'action et d'influence ? A l'heure où se tracent ces lignes, un même élan n'emporte-t-il pas contre les Vandales dont ils surprennent les traces fraîches et les abominables méfaits, tous nos soldats avides de venger les victimes et d'infliger au bourreau surpris en pleine besogne de destruction le châtiment mérité ? Ce vouloir collectif qui discipline et unit l'effort des combattants, chacun suivant son arme et à son poste, il n'y aura pas moins de nécessité de le prolonger lorsqu'il sera question de réparer les ruines accumulées par l'envahisseur. Il faudra que, pour cela, les élites marchent en tête, et qu'en même temps tout Français rêve d'entrer dans ces élites, d'être de ces vaillants qui s'attelleront à la tâche. Rien ne semble de nature à unir davantage qu'une même passion pour un même objet, lorsque ce but des communs efforts, au lieu d'être susceptible de partage ou de diminution entre les concurrents qui s'y attachent, est comme cet amour maternel dont le poète disait :

Chacun en a sa part, et tous l'ont tout entier.

Or il en est ainsi, n'est-il pas évident, de cette grandeur de la France ardemment aimée et servie qui a groupé en un faisceau et les entraîneurs d'âmes et les âmes entraînées.

On a maintes fois signalé l'accord et la parenté d'action des instituteurs et des prêtres à l'armée. Sans disserter ici sur leur préparation antérieure et à n'accepter que le fait, il suffit de rappeler cette boutade d'un instituteur sous-lieutenant : « Croyez que parmi les plus braves, sans vantardise, se trouvent toujours un instituteur et un curé. » M. Raymond Thamin, qui la cite dans son bel article : *L'Université de France et la guerre* (*Revue des Deux-Mondes*, 15 juillet 1916) l'a fait précéder de la lettre d'un simple soldat (un Père Jésuite) à un capitaine de vingt-huit ans, instituteur. Elle est trop expressive pour être omise et tiendra lieu d'une plus ample démonstration.

Mon capitaine... Je veux vous remercier de tout ce que vous avez fait pour moi et pour les autres de la compagnie. Je vous remercie de ce que vous vous faites aimer de vos hommes en étant bon pour eux et en leur montrant que vous les aimez ; je vous remercie aussi de ce que vos hommes vous voient souvent, et de ce que votre présence vient souvent leur rendre courage et ardeur, et cela, même la nuit, même lorsque le temps est mauvais, même quand sifflent les balles et que les obus ne tombent pas loin ; je vous remercie de ce que vous dites à vos hommes de se baisser, tout en regardant, vous, au-dessus du parapet, car tout cela redonne courage au soldat et rend la vie moins dure. Je ne vous dis pas cela pour vous flatter : flatter est une chose bête qui ne sert à rien. Mais je vous dis cela, parce que je sais que cela donne courage et force à un homme de savoir qu'il réussit à faire du bien. Et je serais heureux si j'avais pu alléger et rendre moins dure en quelque sorte votre tâche si pénible de chef de guerre.

Laissons de côté ce qu'a pu avoir de réconfortant ce témoignage si à propos envoyé pour payer l'officier de ses peines. Le fait, le trait matériellement pris de cette entr'aide mutuelle suffit à lui-même à titre de symbole et en résume des milliers d'autres. Que l'on songe seulement, car l'avenir nous est plus précieux que le passé, à ce que pourra faire, à mesure qu'elle se multipliera, la moisson des entraîneurs qui ne doit pas cesser de croître. La réponse est trop évidente pour que la question soit utile à poser.

Un vœu suffit. Quelle que soit la condition sociale de chacun, tous tiendront à honneur de réaliser le programme que traçait aux membres de l'enseignement universitaire M. Raymond Thamin, lorsque rappelant le bilan des hécatombes, il ajoutait : « Il reste aux générations futures et aussi aux survivants le devoir de travailler double pour remplacer cette génération de sacrifice ». La société française tout entière aura besoin de ces élites par lesquelles vaut un peuple et qui haussent à leur idéal le corps tout entier qu'elles animent et dont elles émanent. Mais ces « entraîneurs » ont de qui tenir et leurs « aînés dans la carrière » leur ont montré les sommets.

23 février 1917.

XVII

UNIR

La guerre détruit hommes et richesses ; elle disperse en efforts nuisibles les activités faites pour converger vers le bien-être et le mieux-être de l'humanité. Les méfaits de la lutte doivent donc être combattus et réparés autant qu'il est loisible pendant qu'elle dure et nous devons aussi, pour le temps où elle cessera (car elle cessera un jour), disposer tout pour effacer au plus vite les traces funestes que les conflits meurtriers laissent derrière eux.

Tout ce qui contribue au développement de l'éducation morale nous doit être précieux. Les véritables leçons de la guerre doivent être appliquées pendant la paix, mais il les faut tirer, même la guerre non finie, au fur et à mesure que l'expérience en montre la nécessité ou les avantages.

Dans le livre qu'il a écrit, sur la question de la dépopulation, sous le titre *L'Eglise et la famille*, le R. P. Gillet disait : « S'il appartient surtout à l'Etat de réformer les lois, c'est, avant tout, le propre des éducateurs de réformer les mœurs. Et si l'union sacrée doit survivre aux circonstances tragiques qui l'ont fait naître, il importe que ce soit sur ce terrain mouvant de la reconstitution de la famille, puisqu'à brève échéance l'avenir d'une France même victorieuse en dépend. »

Il est impossible de ne point souscrire à ce vœu, mais il est consolant aussi de constater qu'il émerge de toutes les âmes, comme par une germination spontanée qui n'a rien d'étrange. Ce besoin universel d'entente qui est venu d'une commune résistance à un ennemi commun a eu l'avantage de révéler les uns aux autres maints esprits faits pour se comprendre, mais que séparait jadis une triste barricade. Il suffirait, pour en avoir la preuve, de parcourir les numéros parus de la feuille mensuelle intitulée : *Pour l'Union sacrée scolaire*. La pensée de cette « Union » est née dans les tranchées, nul n'en sera surpris. Elle a groupé déjà bon nombre d'adhérents venus des pôles les plus opposés et prenant pour devise, expérience faite des heureux résultats de cet accord des âmes les plus diverses, la résolution de ne rien perdre, après la guerre, des conquêtes réalisées sous le feu de l'ennemi. L'œuvre qui suit modestement son chemin n'a point fait et ne cherche pas de réclame. Mon dessein, en la mentionnant, sans nommer du reste encore les promoteurs, est seulement de glaner dans la moisson déjà récoltée quelques phrases plus significatives, afin de répondre par des faits aux suggestions ennemies qui essaient de semer, à l'étranger surtout, des ferments de discordes. Voyez comme ils se déchirent, disent volontiers les propagandistes hostiles à la France, essayant de persuader, trop tard et en vain, que nos divisions survivent à la guerre ? Comment le feraient-elles, puisque la guerre n'a fait que révéler et hâter les germes de rapprochement qui surgissaient déjà des âmes attentives à l'action profonde et préservées par leur labeur utile des excitations politiciennes qui fermentaient seules ou surtout des discordes dont elles vivent ?

Prenons-en pour preuve cette citation d'une conférence contradictoire, tenue à Conflans le 6 février 1913, publiée dans le numéro 4 du *Bulletin* sous le titre *Instituteur et Curé*.

« Je suis navré de penser aux luttes fratricides qui se livrent sans cesse autour des prêtres et de l'instituteur.

« L'un et l'autre appartiennent aux familles les plus laborieuses et les plus honnêtes du pays ; l'un et l'autre ont senti leur cœur palpiter devant une œuvre, peu lucrative, pénible entre toutes, mais où il leur sera possible de servir un grand idéal et, ils sont partis, abandonnant leurs champs, leur chaumière, l'un pour le séminaire, l'autre pour l'école normale, se préparant à leur mission future par un labeur acharné ; à 23 ans, ils reviennent tous les deux dans la solitude de leurs villages de campagne, ils y trouvent les déceptions, l'isolement, l'ingratitude ; ils s'efforcent pourtant de surmonter tous les obstacles et de mener à bien leur mission quand même. Mais voici que la hideuse politique prend ces deux hommes, faits pour se comprendre et pour s'estimer, et les jette l'un contre l'autre, dans une lutte néfaste dont vos enfants sont les premières victimes.

« La commune se divise en deux camps, celui de l'opposition et celui du bloc. Celui-ci montrant le curé aux enfants qu'il est chargé d'instruire leur dit : Voici le Calotin. Celui-là désignant l'instituteur, reprend : Voici l'Aliboron. Et vous voulez que vos enfants vous respectent et se préparent aux grandes tâches sociales alors que vous couvrez ainsi de boue les deux éducateurs chargés de les élever, je vous dis que c'est de la démence et que, plus tard, nos fils rougiront de nous, si nous ne parvenons pas à nous ressaisir ! »

On n'a que l'embarras de choisir entre tant de déclarations concordantes que l'on aurait qu'à copier au hasard. Toutes rendent le même son ; mais les plus suggestives sont celles où la guerre aux malentendus est le plus hautement proclamée.

Ainsi, cette attestation de M. l'abbé Antoine Dieuzayde, S. J. aumônier régional de l'Association catholique de la jeunesse française. « Aumônier depuis plus de dix ans à l'hôpital de X... mes meilleurs amis et plus souvent mes meilleurs paroissiens ont été des instituteurs. J'ai eu l'occasion de donner une retraite à des institutrices publiques laïques. Nous nous sommes admirablement compris. Je n'ai pas encore trouvé sur mon chemin — ce témoignage ne dépasse d'ailleurs pas mon expérience personnelle et je ne prétends pas avoir rencontré tous les instituteurs de France — je n'ai pas rencontré jusqu'ici l'instituteur forte tête, sectaire et mangeur de curés : et je crois que de même les instituteurs, de leur côté, ont rarement rencontré la caricature du ratichon que les journalistes leur ont si souvent dessinée. Les caricatures sont de bien mauvais documents.

Aux deux pôles de la pensée, on tend au même but : l'union française. Un peu partout, il y a des âmes singulièrement parentes. Leur faiblesse a été de ne pas s'être groupées. Groupons-les.»

Citons aussi côte à côte la formule d'un abbé-lieutenant disant ce qu'il a vu et constaté, et la touchante espérance, motivée d'ailleurs, que M. G. Desdevises du Désert, doyen honoraire de la Faculté des lettres de Clermont-Ferrant, exprime à propos de l'avenir de *l'Union sacrée scolaire*.

De M. l'abbé J. D. lieutenant :

« Comme prêtre officier, j'ai connu particulièrement deux instituteurs officiers dont la nature spécialement franche et droite m'avait séduit. Plusieurs fois, dans ces conversations intimes dont le service procure si souvent l'occasion, nous avons senti combien l'œuvre du prêtre et celle de l'instituteur sont faites pour aller ensemble. Quelle faiblesse pour un pays lorsque ces deux influences éducatrices divergent ! Quelle force pour ce même pays lorsque ces deux influences sociales sont convergentes ! »

M. G. Desdevises du Désert écrit :

« Le secret de l'union sacrée, c'est le respect d'autrui, le respect de la personne, de sa dignité, de son honneur, de sa liberté. Cette vertu est extrêmement rare chez nous. Elle est oblitérée par l'esprit de secte et l'esprit de parti. Je désire de tout mon cœur que l'union subsiste après la guerre ; j'espère qu'il y aura quelque chose de changé, qu'on sortira de l'atmosphère de mensonge où l'on étouffait ».

Aussi bien, faudrait-il tout citer. Terminons par l'attestation de M. J. Magnez, instituteur public à Paris, inspecteur des Éclaireurs de France de la Seine.

« ... Je suis dans mon arrondissement (le XIe), un défenseur convaincu de l'Union sacrée autour de l'école et dans la jeunesse, et j'ai le plaisir de constater que maire, curés et pasteurs recommandent ma section aux familles. Les résultats en paraissent satisfaisants puisque mes jeunes Eclaireurs ont donné, depuis le 1er août 1914, 10.300 journées de services de guerre dans les hôpitaux militaires sans encourir un reproche.

« ... La pensée philosophique et religieuse animant la vie d'un honnête homme mérite autre chose que la tolérance : elle commande le respect. »

Ce sont là des faits et des preuves, heureusement entre un grand nombre, sans compter les traits encore inconnus. Semés partout, ces gages d'une véritable entente indestructible porteront leurs fruits et toute la France entendra la voix d'outre-tombe évoquée par M. Imbart de la Tour, nous montrant à l'œuvre dans la pensée d'unir d'abord et partout, le regretté marquis de Vogüé :

« Le marquis de Vogüé, loin du « stérile remous de nos querelles », conserva « le sens aigu de nos intérêts permanents » : « Unir d'abord. Rapprocher les esprits, apaiser les haines, celles d'idées ou celles de classes... L'union lui semblait nécessaire partout... Et combien plus encore l'eût-il voulue entre fils d'un même pays ! La France pouvait-elle attendre la tourmente pour retrouver sa force dans son accord ?... Et ce fut enfin une autre de ses maximes, que, quel que fût le succès d'une pareille œuvre, le devoir était de l'entreprendre ».

« C'est en pensant à nos morts, écrivait un autre adhérent, M. Paul Wiriath, Directeur de l'Ecole supérieure de Commerce de Paris, que nous pourrons maintenir l'Union sacrée des vivants pour la France. »

Tant de témoignages convergents sont plus qu'une promesse ; l'idée vit, elle marche et, comme la Renommée antique, elle attire à soi les forces qu'elle multiplie et répercute.

5 mars 1917.

XVIII

LA RANÇON DE LA GUERRE

« La guerre en même temps qu'elle est une source de ruines sans nombre, écrit M. Léon Bourgeois, peut devenir, par l'excès même de la souffrance, la source de nouvelles et fécondes énergies. » Cela doit être et c'est par là que sera déjoué le calcul infernal de haine qui dicta aux Allemands ce propos rapporté récemment par des réfugiés des régions évacuées par leurs armes. « Nous serons battus, nous le savons, disaient ces sujets du kaiser et ces hérauts de la Kultur, mais vous serez ruinés ». Les ruines, ils les ont multipliées à plaisir, plaisir de brutes qui ne réfléchissent point aux conséquences qu'entraînera pour leur pays cette série de dévastations. « Heure viendra qui tout paiera », dit le proverbe wallon dont l'application commence. Il est vrai que trompés ou le voulant être, ces anciens « vainqueurs » escomptent encore effrontément des « indemnités » de guerre. Leurs dirigeants, aujourd'hui débordés par les événements et menacés dans leur existence, les leur promettent encore. Il y a mieux à faire que de réfuter ou de discuter ces inepties, bonnes pour l'Allemagne intérieure. Le véritable résultat de la guerre est entre les mains non seulement des combattants du front, mais du peuple entier des vainqueurs. « Il faut, disait encore M. Léon Bourgeois, qu'après la guerre, rien ne soit perdu de l'accroissement de force que cette fièvre généreuse a fait circuler dans le sang de la nation. » Or, pour qu'il en soit ainsi, il ne faut nullement attendre l'après-guerre ; on doit dès maintenant relever les ruines et il en est de tous les ordres.

Des conférences dans lesquelles l'*Alliance d'hygiène sociale* a étudié dès le début de la guerre, toutes les réformes imposées par les nécessités actuelles sont maintenant publiées en volumes. Le premier, qui vient de paraître sous le titre *Enfance et jeunesse* touche de trop près au sujet déjà signalé précédemment des vies humaines à sauvegarder et à multiplier, pour ne point provoquer l'attention. En voici les principaux chapitres : « La guerre et la vie de demain » — « La santé de la race ». — « La défense de l'enfant avant sa naissance et dans le premier âge ». — « Le rôle de la femme ». — « La tutelle des orphelins ». « L'hygiène scolaire, etc., etc... »

Ce sont là problèmes multiples et urgents auxquels doivent s'appliquer en esprit d'union tous ceux qui ont à cœur de racheter et compenser les ravages des luttes meurtrières, destructrices de tant de vies fauchées dans leur plein épanouissement. Un peuple ne peut survivre que s'il rétablit, comme tout être vivant attaqué dans sa santé et son intégrité, ses cellules constitutives, et la véritable cellule des sociétés, c'est la famille. Saines, fortes, nombreuses, les familles rendront à la France sa vitalité, la maîtrise de son sol si riche en ressources de tout genre, et c'est pourquoi rien ne peut intéresser plus vivement la pensée contemporaine, je ne dis point seulement chez nous, mais chez tous les peuples qui réfléchissent, que les ouvrages où sont sincèrement posés et creusés ces problèmes de la vie qui regardent l'humanité tout entière. Quelle que soit la politique de demain et que l'on rêve ou non ces États-Unis d'Europe dont la pensée se présente à l'esprit au milieu même des batailles engagées, il est certain qu'il faudra vivre, et pour cela chaque nation devra se soumettre aux conditions de la vie. Au lieu de ces conflits aigus de la lutte des classes qui sont, en pleine paix, des guerres plus funestes que les hostilités entre peuples voisins,

Plus quam civilia bella,

des déchirements plus impies que les guerres civiles, au lieu de ces antinomies irréductibles entre l'individu et la société dont il est membre, l'un refusant d'être noyé dans la masse, l'autre s'efforçant d'absorber les éléments qui la composent, il importe que l'équilibre s'établisse et que la vraie paix, l'ordre stabilisé règne pour le bien de tous. Le R.P. Gillet en a heureusement résumé en ces termes le programme idéal. « Ni sociologisme, ni individualisme, ni absorption des individus par la société, ni de la société par les individus, mais union harmonieuse des individus et de la société sur le terrain ferme de leurs devoirs qui est aussi celui de leurs droits (car on a le *droit* de faire ce que l'on *doit*). » Mais il a montré aussi que cet accord ne peut exister entre les deux termes qu'à la condition de chercher hors et au-dessus de l'un et de l'autre le fondement absolu des devoirs et des droits en Dieu, créateur et législateur des sociétés et des hommes qui les composent.

« C'est pourquoi, ajoute-t-il, les droits de l'homme ne sont que l'envers de ses droits. Ce qui est premier, ce n'est pas le droit, mais le devoir, le devoir crée le droit. »

Voilà sans doute pour rassurer contre la victoire de l'Entente ceux qui croiraient encore que l'Allemagne préconise seule les sociétés stables et la hiérarchie des pouvoirs. Aussi bien, elle a donné sa mesure sur sa conception pratique du droit. Celu de la force qu'elle reconnaît seul, va permettre aux vainqueurs de l'aider à comprendre qu'il en est d'autres. Les sanctions et garanties qui sont le seul but de guerre revendiqué par l'Entente n'ont pas d'autre objet que de fixer comme il est équitable la « rançon de la guerre ».

9 mars 1917.

XIX

LA BONNE BESOGNE

Personne ne met en doute que la guerre, comme la peste et la famine, est un fléau; nul ne souhaite en prolonger l'horreur. Le refus de conclure une paix qui ne serait pas la fin de la guerre ne procède, de la part de l'Entente, que de la résolution de mettre un terme aux maux actuellement soufferts. Suivant la très précise formule par laquelle Mme Jules Siegfried concluait, le 7 mars dernier, la déclaration des femmes de France : « Nos cœurs aspirent à la paix; nos consciences nous l'interdisent maintenant », la paix sera et doit être sanctionnée par la victoire du droit et c'est aux combattants du front aussi bien que de l'arrière d'y travailler de tout leur pouvoir. Tous s'y doivent employer sans ménagement et, pour abréger la lutte, rien ne vaut un véritable esprit de guerre, à savoir d'endurance, de labeur et de résolution.

La meilleure façon de guérir les maux de la guerre, sans attendre même qu'elle soit achevée, c'est de se mettre partout à la bonne besogne, la besogne positive qui atténue les désastres inhérents à ces terribles conflits entre nations dont on peut rêver la suppression future, à condition d'y parer de son mieux tant qu'ils existent de fait. La guerre est un fléau comme destructrice de vies humaines, semeuse de ruines, entrave désespérante à la civilisation et au progrès. Tout ce qui conjure ou répare ces attentats contre la vie et le légitime développement des richesses fructueuses de l'humanité combat la guerre et les effets funestes de la guerre. La guerre décime les peuples, les prive des utiles résultats de leurs efforts et disperse, en pure perte pour tous, les ressources de tout genre qu'on applique à la destruction systématique; elle démoralise et conduit à la regression vers les temps barbares l'humanité en marche qui avait si durement franchi les étapes passées.

C'est pourquoi, travailler à tout ce qui est capable de rendre à la vie ses raisons d'être et de se développer, reconstituer les foyers, les richesses, encourager le travail productif; c'est combattre la guerre, sans trahir pourtant, bien mieux, en favorisant le triomphe de son pays. Or, ce devoir de reconstruction, d'édification patiente, en face des ruines, cette lutte contre l'anéantissement auquel aboutit de soi la guerre, s'affirme de plus en plus, à mesure que se prolongent les hostilités, comme le lot de tous, sans distinction de belligérants ou de neutres. Le bien de l'humanité, la défense du patrimoine de chacun exigent cet effort tendu pour contrebalancer les effets du conflit mondial où se consument tant de ressources. Il n'est point de condition qui exempte de réagir contre la guerre. Ne fût-elle pas à nos portes, qui peut se croire à l'abri de ses contre-coups ? D'aucuns se sont dits d'abord au-dessus et hors de la mêlée, auxquels l'évidence montre aujourd'hui que difficilement on peut faire abstraction de la guerre et s'abstenir de toute action, au moins lointaine, pour en conjurer les suites. Un labeur, non pas uniforme, mais universel s'impose soit aux spectateurs, soit aux acteurs de ce drame plus vaste que l'Europe. On ne peut même pas dire des morts, aujourd'hui hors de ce monde, qu'ils ne comptent plus. Leur nombre et leur souvenir pèse dans les destinées des survivants. Leur sacrifice est d'autant moins achevé qu'il se prolonge dans les deuils multiples que leur disparition a semés.

Mais parmi ceux qui vivent encore, quel est celui dont l'action soit indifférente et qui ait vraiment le droit de se désintéresser de l'enjeu, sa terre natale ne fût-elle pas en cause ? Ce n'est certes ni le combattant des tranchées ni sa famille qui aspirent à voir se terminer et se bien terminer de rudes angoisses, accompagnées de tant de risques incertains. Que le prix de telles alarmes ne soit pas une assurance de sécurité, quel homme de bon sens le peut envisager de sang-froid ? L'armée de l'arrière, de sa part, n'est-elle pas laborieusement appliquée à l'effort de production d'engins de mort ou de ressources de ravitaillement d'où dépend le salut de la patrie ? Si nous songeons aux mutilés qui ont déjà payé de leurs membres, de leur vue, d'une part de leur sang et de leur vie les résultats obtenus, aux réfugiés des régions à reconquérir, là non plus, personne n'entendra limiter ou restreindre l'effort nécessaire au plein triomphe. Le prisonnier ne sera point davantage en dehors du conflit dont il a été victime, et ses souffrances, pour être seulement devinées de loin par les siens et trop difficilement soulagées, n'en pèsent que plus peut-être dans la balance du succès final. De leur exil, même fortement adouci pour ceux que l'internement en Suisse a soustraits aux geôles de l'ennemi, eux aussi, ils servent leur pays ; ils combattent à leur façon et résistent à la guerre, ravageuse d'hommes et de richesses. Une copieuse et instructive « littérature » a exprimé déjà les pensées de cette nombreuse phalange de victimes de la guerre. Une des manifestations les plus heureuses a été la publication de ce journal clandestin de prisonniers français qui, cent jours durant, et au prix de quelles habiletés ! surent maintenir leur moral de soldats. Ce fut vraiment une

« bonne besogne » que fit alors le *Petit français*, organe authentique des officiers prisonniers à Brandebourg et Halle.

Les cent numéros de ce quotidien peu banal, paru du lundi 14 septembre 1914 au mardi 22 décembre, forment aujourd'hui un fort attrayant volume. La préface que M. Charles Benoist a faite pour l'œuvre du lieutenant Hubert de Larmandie mériterait d'être citée entière. C'est un excellent commentaire du titre choisi par les vaillants rédacteurs qui surent, dans l'inaction forcée, continuer la guerre et rester fidèles à leur programme : « Tous au coude à coude devant l'ennemi qui nous tient en son pouvoir... sachons souffrir avec dignité ». « Les Français, écrivait le député de Paris, que leur âge a écartés des champs sacrés où se joue la destinée de la France et préservés des hasards de la bataille, vous remercient de l'avoir fait revivre pour eux », ce journal documentaire de la vie des prisonniers. Ils ne seront point les seuls à en goûter le charme ni à en tirer les leçons. Continuer ainsi la guerre et contribuer à en combattre les néfastes et désolantes influences est vraiment faire bonne besogne, aussi profitable aux combattants qu'aux témoins de la grande lutte. Tout ce qui maintient la vie, réconforte les cœurs et corrige les destructions qui sont l'essence du mal de la guerre sert à la fois la patrie et l'humanité. Surmonter l'action dissolvante de la guerre, reconstruire ce qu'elle démolit, affirmer, fût-ce dans la captivité, la survivance du pays qu'elle voulait « saigner à blanc », c'est répondre aux voix pessimistes et intéressées qui chantaient déjà : Finie la France ! La France redressée continue la guerre et prépare la paix que la victoire de l'Entente garantira.

12 mars 1917.

XX

LE DANGER ALLEMAND ET LES LEÇONS DU PASSÉ

Au début du livre que M. Marius Vachon a publié cette année à la librairie Payot sous le titre *La guerre artistique avec l'Allemagne*, le courageux publiciste qui veut faire profiter son pays de sa longue expérience et de ses multiples enquêtes faites pour le compte de notre Ministère des Beaux-Arts, a tracé un tableau navrant et saisissant de l'emprise allemande dans le domaine des arts et surtout des arts appliqués à l'industrie. Il montre par des exemples irrécusables, des chiffres et des textes dont l'ensemble accable l'esprit, comment après le traité de Francfort, mais surtout dès que fut constaté le rapide relèvement de notre pays libéré en moins de trois ans des cinq milliards qui devaient l'épuiser à jamais, « l'organisation de la nouvelle guerre contre la France, la guerre artistique, industrielle et commerciale, fut aussitôt entreprise, avec toute la méthode, toute l'énergie, toute la ténacité et toute la rapidité que l'Allemagne aurait pu apporter à l'organisation d'une guerre militaire ».

Ni le dessein ni l'acharnement mis à le poursuivre n'étaient tenus secrets. Quand fut inauguré, en 1881, le « Musée impérial des arts décoratifs de Berlin, le Kronprinz, qui s'était consacré corps et âme à cette organisation, avec la collaboration précieuse de la princesse impériale pour la partie des industries d'art », prononça hautement ces paroles : « Nous avons vaincu la France en 1870 sur les champs de bataille ; nous voulons la vaincre désormais sur le terrain de l'industrie et du commerce ». Plus explicite encore et plus insultante fut l'apothéose que vint afficher, en plein Paris, à l'occasion de l'exposition universelle de 1900, le pangermanisme déjà sûr de son triomphe. Le catalogue officiel de la section allemande, loin de fuir des allusions historiques « que l'instinct de la courtoisie la plus élémentaire aurait fait écarter instantanément par tout autre hôte de la France », se plut à étaler les souvenirs de la fondation du nouvel Empire germanique proclamé à Versailles en 1870, et donnait à son manifeste les allures d'un véritable défi : « La prospérité économique de l'Allemagne, lisait-on à la fin de l'Avant-Propos, ne repose point sur un développement accidentel de forces capricieuses, mais bien sur un travail sérieux et réfléchi, s'étayant sur le système bien ordonné d'une instruction et d'une éducation richement ramifiées ; loin de chercher le complément de son développement dans la seule jouissance de vulgaires biens matériels, la nation, d'un pas robuste et sain, suit la route qui conduit vers des conquêtes de la plus noble essence : l'intelligence de l'art, le goût artistique, la culture intellectuelle ».

Il n'est pas désagréable de citer aujourd'hui ces phrases où s'étale une orgueilleuse prétention : mises en regard des actes qui ont condamné à jamais le renom de l'Allemagne, elles sont inoffensives ou mieux se tournent en ironie vengeresse. Il n'en reste pas moins que M. Marius Vachon a eu raison d'y voir « l'affirmation solennelle de la supériorité de la « kultur » allemande et de l'ambition de l'Allemagne de régénérer le monde en lui imposant ses idées et ses vertus, en même temps que les produits de ses industries multiples et diverses ».

Par malheur, cette invasion allemande ainsi ouvertement constatée n'était pas une pure vantardise et le livre si fortement documenté qui décrit la guerre artistique avec l'Allemagne montre trop bien comment nous avons été mal défendus contre cette « ruée teutonne traditionnelle, commandée par un puissant et énergique état-major, menée par une gigantesque armée d'industriels, d'artistes et d'ouvriers, éclairée par une nuée d'espions de tous sexes et de tous grades ».

Il sera loisible et profitable à chacun de suivre dans ses démonstrations l'auteur qui nous a dénoncé la persistance de cette guerre. Il s'est cantonné dans le domaine des industries d'art qu'il connaît à merveille. Qu'on me permette d'ajouter quelques preuves des efforts allemands pour nous supplanter sur le terrain des études plus désintéressées et plus théoriques de l'art ancien et des découvertes archéologiques. Ces documents qui intéressent l'histoire de notre Ecole d'Athènes, et par conséquent tous les Français dont aucun ne peut rester indifférent à cette admirable institution, sont tirés des papiers de M. Thiers livrés au public à la Bibliothèque nationale. Dans les recueils où sont gardées les lettres de l'année 1873, des documents intéressantes nous révèlent les préoccupations causées chez nous en haut lieu par les tentatives envahissantes de l'Allemagne. Jules Simon, alors ministre de l'Instruction publique, avait adressé au président une lettre pour obtenir le « renforcement » de l'Ecole d'Athènes, dont le directeur, Emile Burnouf, préoccupé de la rivalité allemande, demandait de voir les recrues mieux armées et munies au préalable d'un stage d'une année au moins à Rome et de notions archéologiques qui leur permissent de lutter avec avantage contre « les jeunes Prussiens » qui s'entendaient « mieux que nous à faire des travaux d'exploration ». La lettre du ministre, sans date, a été assignée, lorsque fut constituée la collection, au mois de mai 1873, conjecture nécessairement inexacte, puisque la minute de la réponse de M. Thiers existe datée du 23 mars. En tout cas, à la lettre de Jules Simon en était annexée une autre écrite par le directeur de l'Ecole d'Athènes une année auparavant, le 10 mars 1872, adressée à Barthélemy Saint-Hilaire. Communiquée au ministre de l'Instruction publique, puis par celui-ci au Président, dont elle réfute certaines objections, elle a l'avantage de nous exposer les pourparlers déjà anciens qui avaient précédé la décision prise par M. Thiers le 23 mars 1873 pour autoriser à Rome cette « succursale » de l'Ecole d'Athènes à laquelle il avait d'abord refusé son approbation.

Ainsi replacées dans leur ordre chronologique, qui est aussi conforme à la logique du projet, ces quatre lettres ne réclament aucun éclaircissement. Leur texte dispense de tout commentaire. Je me suis borné à mettre en italiques les arguments patriotiques de défense contre les manœuvres allemandes en Italie comme en Grèce qu'on y rencontre attestant l'effort constant de nos ennemis à nous évincer partout.

Athènes, ce 10 mars 1872.

Monsieur,

J'ai reçu ces jours derniers deux lettres, l'une de mon maître et bon ami, M. Jules Simon, et l'autre de M. Albert Dumont (1), relatives à la proposition de M. le Président de la République de créer à Rome une succursale de l'Ecole d'Athènes avec une conférence préparatoire. Le décret proposé est revenu de Versailles avec une note de M. Thiers demandant des explications et exprimant des craintes. Nous comprenons ces scrupules mais nous avons confiance qu'ils ne subsisteront pas dans l'esprit du Président.

Ce qu'il s'agit d'établir n'est pas une nouveauté; l'idée est mûre depuis longtemps; elle est partagée par l'Académie des Inscriptions, par tous les anciens membres de l'Ecole, par les Ministres qui s'en sont occupés, par les bureaux du Ministère, en un mot par tous ceux qui ont examiné les conditions d'existence de l'Ecole d'Athènes. Par succursale nous entendons ici un stage ou année préparatoire formant la transition entre l'Ecole normale et la nôtre. Cette transition est absolument nécessaire, attendu que les jeunes agrégés nous arrivent sans préparation et passent leur première année à errer au hasard dans des questions avec lesquelles ils ne sont pas familiarisés ; il est impossible que les notions indispensables leur soient donnés ici, parce que les objets ou moyens d'étude manquent ; quand on a vu les temples en ruines de l'Acropole et quelques collections de vases dispersées dans Athènes, il ne reste plus que les livres et les livres sont beaucoup plus abondants à Paris qu'ici. M. Thiers

---

(1) CHARLES-ALBERT-AUGUSTE-EUGÈNE DUMONT, originaire de la Saône-et-Loire où il naquit le 23 janvier 1842, mourut le 11 août 1884.

croit qu'il faut commencer par Athènes et finir par Rome : cela serait vrai si nous vivions au temps d'Alexandre le Grand, mais le Président sait bien que les Romains ont dépouillé la Grèce et qu'ils ont été imités par les modernes ! C'est l'Italie qui est aujourd'hui le vestibule de la Grèce. C'est là et non ici que l'on trouve les collections de tous les produits de l'art ancien et moderne, les bibliothèques, les ruines les plus variées depuis l'Etrurie jusqu'à Pompéï, sans compter le sud de l'Italie et la Sicile. C'est là et là seulement que peut se faire l'éducation archéologique d'un jeune homme. Il n'y a là-dessus aucun doute.

C'est ce qu'avaient compris ceux qui avec le Duc de Luynes fondèrent à Rome l'Institut archéologique *que les Allemands se sont appropriés en 1870 et qui n'a plus rien de français. M. Thiers doit envisager aussi ce côté de la question. Tout le monde savant italien nous échappe et se germanise si nous abandonnons la place ; mais il faut se hâter, parce que les Italiens sont des amis un peu chancelants et qu'il faut maintenir par une action continuelle.*

Il me resterait deux scrupules de M. Thiers à vaincre. Il craint que nous ne cherchions à placer quelqu'un. C'est moi, Monsieur, qui demande avec le plus d'instance, comme Directeur de l'Ecole, la création d'un centre français d'études à Rome ; et je vous affirme sur mon honneur que le projet était depuis longtemps arrêté dans mon esprit avant que j'eusse songé à personne. Après avoir longtemps examiné, j'ai trouvé que personne ne convenait mieux que M. Dumont au rôle que nous avions à faire remplir : j'en parlai d'abord vaguement à ce savant, qui hésita et ne se décida qu'après avoir bien compris ce qu'il aurait à faire. L'été dernier, j'en parlai à plusieurs Académiciens, M. Beulé, M. Ravaisson, au Ministre, à des chefs de division et à d'autres personnes, qui furent unanimes à approuver l'idée et le choix du professeur. Enfin le décret fut préparé. Ainsi tout ce qu'a pu vous dire M. Dumont n'a été que le développement d'idées admises par les personnes les plus compétentes.

Enfin M. Thiers dit : « Nous ne sommes pas riches ». Cette objection me fut faite et j'y répondis en présentant au Ministre un budget de l'Ecole modifié, qui permettait de porter à 6 au lieu de 5 le nombre des membres de l'Ecole, *d'avoir une publication régulière (comme l'Institution archéologique allemande)*, et qui fournissait encore une partie du traitement du chef de la succursale, le reste devait être fourni par les fonds des missions. En somme, le budget n'était pas augmenté d'un centime.

J'aurais beaucoup à dire pour développer et éclaircir cette lettre. Mais le Président, avec son esprit pénétrant, verra certainement que nous sommes dans le vrai si vous voulez bien la lui faire lire.

Permettez-moi, Monsieur, de vous prier de prendre en main cette affaire qui est bien plus importante et féconde en résultats qu'elle ne le paraît.

N'oublions pas que les Allemands cherchent à nous supplanter sur tous les terrains.

Je saisis cette occasion pour vous rappeler à mon bon souvenir (sic). Je n'ai point oublié, croyez-le bien, les relations si utiles et si agréables pour moi que nous avons eues au temps où nous nous rencontrions chez Eugène Burnouf. Mais la vie disperse les hommes, interrompt les meilleurs rapports et ne laisse que des souvenirs.

Veuillez agréer l'expression de tout mon respect.

EM. BURNOUF.

Comment fallut-il une année entière pour que cet appel pressant fût soumis aux réflexions du Président ? L'explication la plus plausible est celle des lenteurs administratives dont la *furia francese* s'accommode depuis de si longues années.

CABINET
DU MINISTRE
DE L'INTRUCTION PUBLIQUE
ET DES CULTES

RÉPUBLIQUE FRANÇAISE

Paris, le

Monsieur le Président,

Le directeur de l'École d'Athènes est préoccupé depuis longtemps des efforts tentés par le gouvernement allemand pour établir, à côté de notre école, une école rivale. Nous avons eu le bonheur d'obtenir de la Grèce la concession d'un terrain sur lequel nous construisons une maison qui sera terminée en

1874, et qui donnera plus d'importance à notre mission ; mais M. Burnouf regrette de ne trouver dans les élèves qu'on lui envoie d'ici, que de bons hellénistes sans aucune notion d'archéologie. Les jeunes Prussiens qu'il voit déjà à côté de lui depuis un an, s'entendent mieux que nous à faire des travaux d'exploration, et c'est ce qui nous a suggéré la pensée d'obliger nos jeunes gens à suivre pendant un an un cours d'archéologie.

Le directeur nouveau de l'Ecole de Rome croit que ce cours peut être utile, à la fois, aux membres de l'école d'Athènes et aux pensionnaires de l'Académie ; car c'est à Rome et non à Athènes que cet enseignement doit être placé, puisque les ressources y abondent. Les élèves de l'école d'Athènes font d'abord à Rome un séjour de six mois, qu'il serait utile de prolonger, à cause du nouvel enseignement, et parce qu'une année entière n'est pas de trop pour étudier les antiquités romaines. L'Académie des Beaux-Arts me recommande vivement cette organisation, que je crois en effet utile. Le professeur sera payé sur les fonds des missions, et nous n'aurons aucun crédit nouveau à demander, ni pour le présent ni pour l'avenir. Enfin, M. Burnouf, M. Le Nepveu et l'Académie s'accordent pour vous proposer de confier cet enseignement à M. Albert Dumont, dont vous connaissez les belles découvertes. M. Hauréau va terminer l'impression de son grand ouvrage, et rien ne s'oppose plus à son départ immédiat pour Rome.

Si vous approuvez cette proposition, monsieur le Président, je soumettrai à votre signature un décret en deux articles, portant qu'il y aura, à Rome, un cours d'archéologie, rétribué sur les fonds des missions ; que les élèves de l'école d'Athènes le suivront pendant un an, et que les pensionnaires de l'Académie seront autorisés à le suivre.

Veuillez agréer, monsieur le Président, l'hommage de mon respect.

JULES SIMON (1).

La lettre du ministre de l'Instruction publique, accompagnée de celle de Burnouf, si tardivement mise, semble-t-il, sous les yeux de M. Thiers, eut au moins sa prompte et favorable réponse ; car une minute, corrigée du reste de sa main, est ainsi conçue :

Mon cher ami,

Répondez à M. Burnouf que je suis tout à fait converti à l'idée d'une année à Rome avant d'aller en Grèce. Il est plus naturel de descendre un fleuve que de le remonter quand on veut bien étudier son cours. On le voit naître, grandir et finir. Mais on peut aussi le remonter de son embouchure à sa source, et on finit aussi par le connaître en le prenant à rel...s. Ici, d'ailleurs, nous n'avons pas le choix, puisqu'à Rome on a tous les moyens d'études, et qu'à Athènes on n'a rien. Je vais par conséquent donner les ordres nécessaires. Mais il reste pour moi une question. Laissera-t-on ces jeunes

(1) N. a. fr. 20627, f° 296.

gens errer dans Rome, et ne serait-il pas bon de les comprendre dans les élèves de l'Ecole de Rome, et soumis à la même discipline ? C'est un détail, du reste, et j'admets avant le départ pour la Grèce le préalable d'une année passée à Rome.

Voir Pœstum en passant serait une étude utile et bien instructive.

Ecrivez à M. Burnouf, et dites-lui que la question sera résolue dans le sens de sa lettre.

Tout à vous.

Signé A. Thiers :

Versailles, 23 mars 1873.

Dès que le directeur de l'Ecole d'Athènes eut reçu la bonne nouvelle que Barthélemy Saint-Hilaire avait été chargé de lui transmettre, il se hâta d'en remercier le Président et sa lettre a été conservée dans les papiers de M. Thiers. La voici

Athènes, 5 avril 1873.

Monsieur le Président,

M. B. Saint-Hilaire m'a communiqué, selon votre désir, la lettre que vous lui avez écrite à l'occasion de notre cours d'archéologie à Rome.

Je vous prie d'agréer tous mes remerciements et ceux de l'Ecole pour le service que vous venez de lui rendre.

L'empire avait peu fait pour nous, la République

a déjà fait deux choses excellentes : elle nous a fourni des fonds pour construire une maison à nous sur un terrain que la Grèce nous a donné ; en second lieu, vous venez de placer notre existence dans des conditions normales.

Pour prendre enfin la place à laquelle nous avons droit *et que les Allemands nous ont ôtée en s'emparant de l'Institut de Rome (fondé par le duc de Luynes)*, il nous restera à nous créer un organe de publicité où tous nos travaux seront insérés et où nous réunirons aussi les mémoires dispersés des anciens de l'Ecole. Si ces Annales existaient, elles formeraient déjà un ensemble de travaux *que nous pourrions opposer à n'importe quelle publication allemande*. J'espère, avec l'aide de mon maître et ami M. Jules Simon et la vôtre, sans demander rien de plus au budget, atteindre un jour ce résultat. Notre établissement à Rome nous sera pour cela d'un grand secours.

En outre, il nous mettra en relation immédiate avec une foule de savants italiens *dont les Allemands s'efforcent depuis longtemps de s'emparer* et qui rentreront ainsi dans la sphère d'activité de la France. Vous voyez, monsieur le Président, la portée de la réforme que nous vous demandions et à laquelle vous avez bien voulu consentir. Elle ouvre devant nous un avenir nouveau et répond aux critiques quelquefois justes, quelquefois hostiles, qui nous étaient de temps en temps adressées :

Veuillez agréer, monsieur le Président, l'expression de mes sentiments les plus respectueux.

Le Directeur,
Em. Burnouf.

Les papiers de Thiers ne nous mettent pas en mesure de poursuivre l'histoire de cette réforme ni de l'École d'Athènes. Lorsqu'en 1875, son Directeur dut quitter son poste, malgré tant de regrets de tous ses amis, M. Thiers n'était plus en mesure de l'appuyer. Telles quelles, ces lettres ont du moins le mérite de nous renseigner sur la résistance aux emprises allemandes auxquelles la guerre de 1870 avait donné tant d'audace. A ce titre, elles contiennent un utile enseignement du passé et plus que jamais instructif. Mais on sait aussi maintenant ce que vaut le zèle archéologique des Allemands et à quoi tendait l'école d'Athènes.

23 mars 1917.

XXI

UNISSONS, N'UNIFIONS PAS

Il y a entre *unir* et *unifier* plus que la différence entre le mot *unir* et le vocable *unifier*, employé, mais non admis encore dans la langue. Que ce soit un barbarisme jusqu'à nouvel ordre d'exprimer le fusionnement d'éléments divers par le verbe commode et expressif *unifier*, peu importe. Ce n'est point au mot, mais à l'idée qu'il exprime qu'une guerre opportune doit être faite, pour détourner de leur dessein les imprudents qui confondent avec l'union salutaire des énergies en action je ne sais quel amalgame exposé à les affaiblir plutôt que fait pour en multiplier la puissance.

L'inévitable inégalité native des êtres, qui est un fait contre lequel la formule *Egalité* s'inscrit en vain sur les monuments publics, peut provoquer diverses explications plus ou moins satisfaisantes. Certains esprits, auxquels ne suffit pas le correctif des nécessités d'entr'aide mutuelle qui doivent rapprocher les forts et les faibles et non opposer l'un contre l'autre deux hommes inégalement pourvus du côté de la fortune ou des forces physiques et morales, ont cherché des solutions métaphysiques parfois étranges ou touchantes. C'est ainsi que certains partisans de la transmigration des âmes essayant de perfectionner la métempsycose des anciens ont voulu voir dans ces différences indéniables d'un homme à l'autre des preuves de leurs théories ; tel naissait ou mieux renaissait pauvre pour avoir abusé de la richesse dans une existence antérieure. Mais à ne prendre que terre à terre les faits tels qu'ils sont, fallût-il renoncer à en résoudre l'énigme, on est bien conduit à admettre que l'union qui fait la force entre les différents individus amenés à se grouper pour obtenir en commun des résultats qu'isolément ils chercheraient en vain, a ses limites. Le droit d'association n'a rien à voir avec le fameux chiffre vingt qui servit jadis à restreindre les sociétés auxquelles l'Etat daignait accorder sa tolérance. Mais de ce que des hommes éprouvent le désir de se grouper il n'en faut pas conclure qu'un groupe *unique*, les doive agréger tous. Ce travers d'esprit, qui, sous couleur d'*unifier* les entreprises, tend à les soumettre à une mesure uniforme et centralisatrice que l'Etat puisse régenter ou, au besoin, décapiter d'un seul coup, est aussi contraire à l'union vraie qu'à la vie réelle. Le plus sûr moyen de tuer un organisme est de contrarier son évolution ou d'y introduire des corps étrangers, non assimilables. Unir, grouper, souder les multiples manifestations de l'action humaine, qu'il s'agisse de bienfaisance, de commerce, de recherches scientifiques ou d'art, ce n'est donc nullement tendre à une centralisation, à une unification impossibles et paralysantes. Le conflit qui dresse les uns contre les autres les partisans de « la liberté » et ceux de « l'obligation », dont les thèses ne cesseront de se combattre, qu'il s'agisse d'éducation professionnelle ou de toute autre des nombreuses réformes qu'il faudra mettre sur pied après la guerre, ne se résoudra que par l'échec auquel se condamnent ceux qui veulent en France « caporaliser » les énergies. En attendant, il fera couler des flots d'encre et perdre des heures précieuses. Il est donc légitime de mettre en garde les bonnes volontés si nombreuses qui veulent faire quelque chose, contre l'appétit du pouvoir de tout contrôler, absorber et légiférer. De l'union, beaucoup d'union, disons même de nombreuses unions, car les multiples groupements qui seront créés sous l'influence de nécessités locales et précises ou trouveront d'eux-mêmes les moyens de vivre et de prospérer côte à côte et sans se nuire, ou seront conduits à s'associer ; mais point de tentatives prématurées d'unification et de chimérique identification.

On demeure ici à dessein dans les régions générales de principes applicables à toutes les créations charitables ou lucratives que suscitera le besoin de réparer les maux de la guerre. Mais, pour illustrer ces théories par un exemple, qu'on me permette de signaler dans cet ordre d'idées ce qu'écrivait judicieusement, le 1er avril, le « chef de file » de cet excellent *Journal* bimensuel *des Mutilés et Réformés* qui prend à cœur la cause des victimes de la guerre et défend avec énergie les intérêts matériels des réformés et blessés. Pris à partie par un camarade plus zélé que modeste, qui lui reproche « de favoriser la création de nouvelles sociétés et de les aider dans leurs débuts », il répond avec justesse et impartialité :

Peu importe que telle société prospère plus qu'une autre. Le principal est que nous nous groupions sans tarder, que nous nous sentions les coudes, que nous nous unissions pour la cause commune. Le temps sera le meilleur juge entre les bonnes sociétés et les médiocres. Celles qui auront efficacement travaillé et qui auront vraiment aidé leurs membres, en verront le nombre augmenter... Dans un avenir rapproché les petites associations fusionneront avec les grandes et quelques mois après la guerre, seules subsisteront les sociétés vraiment créées pour nous, celles qui placeront l'intérêt général au-dessus de celui de chacun.

La formule est à découvrir qui réalisera l'union entre les unions se proposant des buts similaires. Le légitime esprit d'indépendance qui anime une société ne doit pas être un obstacle à la « fédération » (1) possible et il est vrai délicate qui grouperait des organismes que leur parenté rapproche, pourvu qu'à chacun soit laissée la vie propre que justifie et que commande la divergence, si minime fût-elle, des fins proposées. Evidemment deux sociétés se donnant pour but exactement le même objet n'ont aucune raison de ne pas *s'unifier* pour n'en faire qu'une, mais cette identification des fins est assez rare pour qu'on puisse préconiser la formule *Unir et non unifier*. Grouper et fédérer n'est pas absorber. De l'union toujours, et de l'amalgame, le moins possible. Les occasions ne manqueront pas d'appliquer la devise.

2 avril 1917.

(1) Voir plus bas, § XXV, p. 206.

XXII

LEÇONS DE 1870

Je ne nie pas qu'on puisse abuser de l'histoire — de quelle chose indifférente ou bonne ne fait-on pas abus ? J'avoue également qu'on en tire parfois, comme de la statistique aux chiffres si dociles, les conclusions les plus diverses. Il n'en est pas moins permis d'emprunter au passé, surtout lorsqu'il offre avec le présent des analogies indiscutables, de fort utiles leçons. Qu'on me permette donc d'en proposer ici quelques-unes extraites des événements de 1870 et des écrits ou réflexions que la Prusse envahissante suggérait alors aux Français. On n'a que l'embarras du choix, lorsqu'on feuillette les journaux aujourd'hui ensevelis dans la poussière, qui alimentaient les lectures des Parisiens assiégés. Ils renferment les éléments d'une histoire assez vivante, mais peu sûre, remplis qu'ils sont de faux bruits et de nouvelles pas toujours confirmées ; mais ils permettent tout au moins de décrire l'esprit public et de retrouver en quelque sorte l'atmosphère que respirait la France envahie.

On ne citera aujourd'hui que deux leçons principales à recueillir dans ces écrits éphémères. La première est une invitation motivée à « l'union sacrée » plus que jamais de mise ; dans la seconde, à côté d'illusions pacifistes auxquelles un rêveur de cette époque conviait ses contemporains, on rencontre, mis au service de cette détestable cause, des arguments dont on peut faire état pour secouer la routine et inviter au progrès.

I

Il serait malaisé de compter les « manifestes » que publièrent, dans les journaux parisiens, les comités déjà existants ou ceux qui se fondaient à l'occasion des événements. Plusieurs sont signés de noms assez obscurs, parfois devenus célèbres lors de la Commune. Quelques-uns ont tout à fait le mérite de l'imprévu et de la candeur. De ce nombre est, ce me semble, la solennelle excommunication prononcée par les Loges contre Guillaume Ier et son fils devenus indignes du titre de Grands Maîtres et protecteurs de la Franc-Maçonnerie. Elle est trop longue pour figurer ici ; bornons-nous à énumérer les adhérents qui suivent le titre MANIFESTE DES LOGES :

Les Trinosophes de Bercy ;
Les Disciples de Fénelon ;

Les Hospitaliers français ;
L'union de Belleville ;
La Persévérance ;
Les amis de la Patrie ;
Les Sectateurs de Menès ;
L'Orientale ;
La Persévérante Amitié.

La déclaration, assez étendue, commence par les mots : « Français, la lutte fratricide est engagée, etc. »

Après avoir déploré l'effusion du sang, et constaté avec regret : « Le roi Guillaume et son fils sont nos frères », puis flétri l'ambition qui leur a fait transgresser tous les principes de la Franc-Maçonnerie, le manifeste proclame : « Nous les excluons à toujours ». Suivent de prolixes considérations pour motiver cette sentence. Mais ce ne sont là que des curiosités plutôt amusantes. Venons à un enseignement utile. Je l'emprunte à une sorte d'appel signé d'un nom très obscur et bien oublié, paru dans l'*Opinion nationale* du 13 septembre 1870, sous le titre : *Revers passés, succès futurs.* L'auteur, qui n'est pas un professionnel de la plume, signe cet article : Nottelle, secrétaire de la Chambre syndicale, commerçant, rue Réaumur, 39, et le date du 9 septembre 1870.

Bien que cette déclaration ne puisse être citée

tout entière, à cause de son étendue, il me semble intéressant d'en détacher la seconde partie. Elle présente, comme je l'ai dit, d'excellentes raisons en faveur de l'union de tous contre l'ennemi commun, et aussi, sur l'après-guerre, des considérations que rend plus actuelles l'énergique et bienfaisante campagne entreprise par M. Jean Hennesy en faveur du régionalisme. Les vœux qu'exprimait Nottelle pour une sage décentralisation politique et administrative sont plus que jamais à l'ordre du jour, et dans les pages écrites par lui dans Paris assiégé, nous ont conservé des idées qui n'ont pas vieilli.

Après avoir dégagé la France de la responsabilité de la guerre déclarée par l'Empire déchu et montré dans cette entreprise mal conduite la source des « revers passés », l'auteur du manifeste exposait les motifs d'espérer que la continuation d'une lutte devenue nationale allait offrir désormais.

« ... Ainsi entre la Prusse effaçant habilement sa monarchie dans l'unité allemande, et la France, dont l'intérêt national était ostensiblement subordonné à l'intérêt dynastique, la force était du côté de notre ennemi et la faiblesse, du nôtre. Triste aveu que nous devons faire, car nous y puisons la presque certitude de nos succès futurs.

Le gouvernement bonapartiste n'existant plus, est-ce que la Prusse peut faire croire encore à ses sujets, à ses Alliés surtout, qu'ils se battent pour l'unité allemande, puisque la France vient de déclarer qu'elle la verrait avec plaisir se réaliser ? Que les Prussiens veuillent malgré tout continuer une guerre de conquête, pour leurs Alliés allemands, chaque victoire ne serait plus qu'un nouvel anneau qui les enchaîne au sceptre de la Prusse.

L'antagonisme des intérêts passe ainsi de chez nous dans le camp des ennemis ; l'union qui constituait leur force les abandonne et vient resserrer nos rangs : c'est nous maintenant qui faisons une guerre de principes, qui combattons pour une idée, et quelle idée ! l'intégrité de la patrie !

Les rôles sont intervertis ; les conséquences ne peuvent pas ne pas l'être.

A la condition pourtant que l'union soit complète entre tous les membres de la famille française. Un gouvernement a surgi des nécessités fatales du moment. Le devoir de tout citoyen, quelles que soient ses préférences ou ses répulsions pour les hommes qui le composent, est de lui apporter, en toute simplicité, le concours de sa volonté et de sa force. La mission de ce gouvernement est de délivrer le territoire. Si on tient à disputer, qu'on attende, au moins, la délivrance. Jusque-là, tous ceux qui, sous un prétexte quelconque, essaient de déconsidérer le gouvernement ou de semer des germes de discorde sont de mauvais citoyens dont le mépris public a déjà fait et continuera à faire justice, si la loi dédaigne de les atteindre.

Paris, qui a dû prendre la responsabilité de la Révolution, doit aussi lui concilier la province en maintenant dans son sein l'ordre et la concorde. Etait-il possible d'espérer mieux que ce qui a été fait jusqu'aujourd'hui ?

" Les départements, à leur tour, comprennent que le salut pour eux, comme pour tous, est de seconder par leur élan unanime, l'action de la capitale. Les défiances et le mauvais vouloir contre elle, en ce moment, serait un crime.

Quand la France, délivrée de l'invasion, en possession d'elle-même, établira sa constitution nouvelle, il faudra bien rendre à la province la vie politique que le despotisme central avait confisquée. Aujourd'hui, acceptons la centralisation, comme un instrument qui fonctionne encore ; servons-nous en pour repousser l'ennemi. Et nous le repousserons si, tandis que Paris l'arrête, la France entière en armes harcèle ses derrières et ses communications.

Et, dans les douloureuses épreuves de cette guerre, devenue, de notre côté, une guerre sainte, ne trouvons-nous pas l'encouragement suprême de sentir que nous avons pour nous les sympathies du monde civilisé, et l'opinion même d'une partie des soldats qui combattent ? Il est indubitable que les alliés de la Prusse se demandent déjà à eux-mêmes, en attendant qu'ils le demandent à qui de droit, pourquoi, puisque l'unité allemande n'est plus en question, ils continueraient à se faire les instruments et les victimes d'épouvantables massacres, inouïs dans les fastes modernes, et dont on ne peut trouver des exemples qu'aux âges les plus reculés de la barbarie.

La France en a répudié la responsabilité en chassant le gouvernement qui, de son côté en avait été le provocateur. Les Allemands voudront-ils l'assumer tout entière, cette responsabilité effroyable, devant la civilisation et devant l'histoire ? Qu'ils le sachent bien ; ils n'en profiteraient même pas. Dût la fortune nous trahir jusqu'au bout, nous ensevelirions plutôt nos ennemis sous nos ruines. Mais la France n'en est pas là. Si, pour plaire à la Prusse, les Allemands veulent reprendre le rôle des Goths et des Vandales, nous leur montrerons que nous ne sommes pas les Romains de la décadence.

NOTTELLE,
Secrétaire de la chambre syndicale, commerçant,
rue Réaumur, 39.

9 septembre 1870.

Peut-être y aurait-il lieu, au point de vue purement historique, de discuter la thèse ainsi présentée. Nombre de Français alors, ignorant du reste encore les manœuvres de Bismarck et la dépêche tronquée d'Ems, et arguant des manifestes prussiens qui distinguèrent les premiers l'empire de la nation française, répudièrent toute responsabilité dans la guerre. Je me borne à citer sur ce point un « anonyme » de nos amis, un Belge, semble-t-il, sinon un Russe, qui, sous le titre : *Un piège au Nord, Germanisation de la Belgique. L'Allemagne et la France en présence,* par un ex-officier, publia chez Dentu, en 1888, une plaquette où il est conduit à apprécier « la part des responsabilités » de chacun dans les événements de 1870. « Cette constatation, ajoutait-il, est la leçon de l'avenir. »

Il n'a point de peine, à cette distance des événements, à réduire à sa valeur la thèse fragile qui fait en 1870 le procès du régime impérial en opposition avec la nation tout entière :

Que la Prusse, dit-il, voulût la guerre, c'est incontestable : elle était préparée, elle était nécessaire à son développement et elle était assurée du succès.

Mais cela justifie-t-il l'aveuglement de la France, son imprévoyance, ses clameurs ? Lui était-il permis de tomber dans le piège grossier que la diplomatie prussienne lui tendait au delà des Pyrénées ?

Rappelons les faits, non comme la politique sectaire les a dénaturés, mais avec toute l'indépendance qui s'impose à l'historien qui se respecte. Le fait matériel de la déclaration de guerre par la France ne peut être discuté. Quand nous disons la France, nous entendons la majorité du peuple français qui venait de donner un vote de confiance à l'Empereur, qu'elle amnistiait ainsi de son usurpation, la majorité de la Chambre des députés, à qui la constitution de 1869 venait de remettre la garde de l'honneur de la patrie, la majorité de la presse qui prétend représenter sous tous les régimes l'opinion publique. C'est cette majorité qui a poussé à la déclaration de guerre par ses votes et les articles chauvins qu'elle a fulminés.

Il est certain qu'ils furent en somme peu nombreux ceux qui avaient le droit de dire sincèrement qu'ils s'étaient jusqu'au bout et de toutes leurs forces opposés à la guerre. Mais c'est autour de cette minorité opprimée que se rallia, en se hâtant d'oublier son ancienne attitude, le nombreux parti qui fut bientôt la France entière décidée à lutter jusqu'au bout « pour l'intégrité du territoire ». Un utopiste cependant, le phalanstérien Victor Considérant, revenu du Texas avec sa famille au mois d'août 1869 proposa sa solution « pacifiste », qui n'eut guère plus de succès que ses hilarantes propositions de représentant du peuple à l'Assemblée de 1849, celle, par exemple, où il demandait de voter cinq séances de nuit pour entendre l'exposé de son remède au malaise social. C'est pourtant dans une de ses lettres du mois d'octobre 1870 qu'il convient de puiser d'utiles leçons : l'une nous fera voir que les « pacifistes » ne se laissent démonter ni instruire par rien, l'autre qu'ils emploient, pour défendre leurs rêves, des raisons qui, mieux appliquées, sont opportunes à toutes les époques.

6 avril 1917.

XXIII

L'ESPRIT AMÉRICAIN

Dès le 27 septembre 1870, Victor Considérant avait adressé au Gouvernement une lettre (1) que cita, mais avec des commentaires moqueurs, l'*Electeur libre*. Peu satisfait de l'accueil qu'avait rencontré sa motion, pour le moins étrange, appel candide au désarmement et à la fraternité universelle, il envoya au même journal un second manifeste, intitulé : *Victor Considérant à « l'Electeur libre » et sous son couvert à tous les journaux, honnêtes ou non*. L'*Opinion nationale* en reproduisit, sans les commenter d'ailleurs, de larges extraits, et il y a profit à en relire quelques phrases.

De sa plainte peu déguisée il ressort qu'il croyait fermement à la valeur de son remède et qu'il conservait de lui-même une invincible estime. En voici quelques preuves :

(1) La *Cloche*, de Louis Ulbach, qui fut du reste juridiquement poursuivie pour ce fait, avait publié le 21 juillet un *discours* patriotique de Considérant contre la guerre, sur lequel il y aura lieu de revenir. La veille, il avait communiqué en épreuves au *Réveil* la traduction du dernier discours de Emilio Castelar aux Cortès.

N'y eut-il dans ma *Lettre au Gouvernement* que ces deux idées :

1° La France renonce pour l'avenir à l'institution militaire, en tant que l'institution militaire est incompatible avec l'institution de la République moderne;

2° Elle en appelle, pour le règlement de la paix, non pas à l'intervention des puissances ou à la décision d'un congrès de diplomates, mais à la décision absolument juridique d'un tribunal arbitral ;

Il est incontestable que ces deux propositions constituent une politique absolument nouvelle, et tout autre que celle où vient d'échouer Jules Favre.

Victor Considérant défend d'abord cette politique, qui a sur celle de l'entrevue de Ferrières, l'avantage de ne pas conduire à « une impasse ».

Et, développant sa critique, il ajoute :

A la guerre, le grand art exige deux choses :
Préparer la victoire et s'assurer la retraite.
En politique, il en exige une troisième, c'est de laisser une retraite à l'adversaire.
Or, Jules Favre, comptant inconsidérément, parce qu'il est humain, toucher Bismarck par des considérations de pure humanité n'a pas seulement coupé toute retraite à sa propre politique; il l'a coupée, chose plus grave, à la politique de son adversaire...

Puis, montrant comment la manière dont furent conduites les négociations « a engagé l'orgueil de la Prusse aussi bien que l'orgueil de la France — deux choses détestables — », il oppose sa méthode. « Il est incontestable, déclare-t-il, que ma proposition ouvre l'impasse ».

Il en conclut qu'on a grand tort de ne point prendre en considération cette solution « assurément très hardie, et très hardiment apportée par un homme qui n'est, après tout, ni tout à fait un inconnu, ni tout à fait le premier venu ».

Il est trop long de révéler ici le plan développé par Victor Considérant, qui n'allait à rien moins qu'à demander à la France de faire ce premier pas, *le grand pas* que le trop fameux Ostwald lui proposait encore dans un article paru, sous ce titre, dans la *Grande revue* du 10 mai 1910, de prendre l'initiative du désarmement, de faire, comme écrivait Considérant « la déclaration de la paix à l'Europe ». Ceux qui voudront connaître le détail de ces rêves que tant d'incorrigibles caressent malgré toutes les cruelles leçons de l'histoire, liront le manifeste publié en 1870. Il se composait de quatre pages en format de journal, « un exemplaire, 15 centimes ». Le titre était : *La France imposant la paix à l'Europe. Lettre aux membres du gouvernement provisoire de la République*, par Victor Considérant, citoyen américain (ancien représentant du peuple français). Des deux côtés étaient indiquées les adresses où l'on trouvait ce manifeste : « Dépôt, Rive droite, 5, rue Coq-Héron, A. Le Chevalier, 61, rue Richelieu. Dépôt, Rive gauche. Librairie des Sciences sociales, 13, rue des Saints-Pères ». Avant la lettre au gouvernement, un appel était adressé, comprenant deux colonnes et demie de texte : *Aux hommes de grand cœur et de grande raison*, commençant par ces mots : « Français, mes frères, mes compatriotes et mes anciens concitoyens ! par tout ce qu'il y a de sacré au monde, écoutez-moi ! »

Et après avoir décrit l'extrémité lamentable à laquelle était réduite la France, Considérant ajoutait :

…je vous apporte le salut, la délivrance, la paix, la paix victorieuse, rayonnante à jamais de gloire et de liberté.

C'est dans la *Lettre au gouvernement* que l'auteur exposait son système, expliquant en trois paragraphes, ou mieux trois longs chapitres, les conditions de la République universelle qui mettrait fin aux guerres. Mais la finale, au cas où serait repoussé ce « jugement juridique » dont il donnait l'idée, devenait un « appel aux armes » et une guerre à outrance :

Jugement juridique ou guerre à mort… Paris-Sagunte. Levée en masse. La guerre au canon, au couteau, au fer, au feu, au poison, furieuse, la guerre par tous les moyens de l'extermination des bêtes féroces.

VICTOR CONSIDÉRANT.

« Incrédules, les plus crédules », disait Pascal. Il faut convenir aussi que les moutons enragés du pacifisme ne connaissent plus de mesure une fois déchaînés, mais on ne les convertit pas facilement à déserter leur rêve.

Pour expliquer la réponse de Victor Considérant à l'*Electeur libre*, réponse que celui-ci d'ailleurs ne publia point et dont j'emprunte des extraits à l'*Opinion nationale*, il faut lire en entier l'article que le journal de A. Edouard Portalis publia le 27 septembre (1) et qui piqua si fort Considérant que sa réplique du 11 octobre n'est plus qu'un plaidoyer *pro domo* ripostant au reproche de manquer d'esprit pratique.

(1) L'*Electeur libre* était devenu quotidien, d'hebdomadaire qu'il était, le 26 août 1870 ; c'est dans son numéro 33 que Portalis, ou Ernest Picard, qui avaient signé les articles programmes égratignèrent Considérant dans la mention non signée de son manifeste intitulée : Ce qu'on apprend aux Etats-Unis. Le 8 octobre un avis annonce que E. Portalis et plusieurs rédacteurs se retirent ; le journal continua sans aucune signature.

CE QU'ON APPREND AUX ÉTATS-UNIS

Sous ce titre extraordinaire : *la France imposant la paix à l'Europe*, M. Victor Considérant vient d'adresser une longue lettre aux membres du gouvernement de la défense nationale. L'auteur indique les moyens qu'il croit propres non seulement à mettre fin à la guerre actuelle, mais encore à empêcher dans l'avenir le retour de ces luttes abominables.

Nous ne suivrons pas M. Victor Considérant dans les développements exagérés de son argumentation. Malgré un long séjour parmi les hommes les plus pratiques qu'il y ait au monde, l'ancien représentant du peuple français, aujourd'hui citoyen américain, titre dont il s'honore justement, n'a pas entièrement dépouillé l'esprit rêveur du phalanstérien.

Notre seul but, en parlant du manifeste de M. Considérant qui, nous ne l'ignorons pas, a su par son travail conquérir, au fond des Etats-Unis, l'estime de ses nouveaux concitoyens, est de relever quelques bonnes idées qu'il émet à la fin de sa lettre.

Suivant les recommandations de l'auteur, nous prenons ses idées pour ce qu'elles valent, sans nous occuper de la forme bizarre dont il les a revêtues.

Voici ces idées :

« Abolition du budget et du ministère des cultes. Dieu libre comme en Amérique, et cessant d'être un fonctionnaire de l'Etat. Chacun payant librement le service religieux que sa conscience réclame.

Décentralisation sur toute la ligne : autonomie administrative des communes, des départements et des provinces dans la libre hiérarchie nationale.

Plus de Paris dictateur : réduction du gouvernement-pouvoir au gouvernement-administration ; plus d'autre pouvoir que le pouvoir judiciaire.

Qu'un coup de main sur Paris réussi par un groupe insurrectionnel ou par un assassin ne puisse pas plus prendre la France, qu'un coup de main réussi sur Washington City ne livrerait la possession des Etats-Unis.

Droit absolu de réunion et d'association : la liberté de la presse et de la parole soumise au droit commun, au recours judiciaire des intérêts lésés.

Organisation civile et locale de la police pour le maintien de l'ordre dans les communes, les départements et les provinces.

Si nous ne nous trompons, ces principes, recommandés à l'adoption du gouvernement, sont puisés dans la constitution des Etats-Unis.

Ils forment d'ailleurs les bases indispensables des institutions républicaines.

A ce titre nous les recommandons à l'attention de nos lecteurs.

De plus, nous sommes heureux de constater par l'exemple de M. Considérant le salutaire effet qu'exerce toujours sur les esprits, même les moins pratiques, le contact de la société américaine. »

C'est à cet article de l'*Electeur libre* que répondit l'ancien « phàlanstérien », moins flatté des « idées justes » approuvées dans son manifeste que blessé des insinuations qui lui reprochaient de n'avoir point tiré de son séjour en Amérique un esprit plus « pratique ». L'*Opinion nationale* du 11 octobre, en donnant place à une partie de ses revendications, disait : « Nous reproduisons avec plaisir les passages suivants d'une lettre que M. Victor Considérant adresse à l'*Electeur libre*.

A l' « Electeur libre » et sous son couvert à tous les journaux honnêtes ou non.

L'*Electeur libre* fait, dans son numéro du 27 septembre, de ma *lettre au Gouvernement* une mention dont je le remercie pour l'aide involontaire qu'il m'apporte dans une tâche toujours ingrate, celle de plaider devant le public la rectitude de son propre jugement.

Je crois la politique développée dans mon exposé, hâté et très imparfait sans doute, mais suffisamment clair pour être saisi par toute intelligence réfléchie, je la crois, dis-je, la politique absolument vraie de la France républicaine : je veux dire la plus propre, soit pour combattre, soit pour traiter et soit pour aujourd'hui, soit pour demain... »

Après avoir expliqué, comme nous l'avons vu, la supériorité de sa solution sur celle de la politique du gouvernement, Victor Considérant en vient à son plaidoyer personnel, qui, on le sent, lui tient au cœur. Lui qui ne renonce pas volontiers aux souvenirs qu'a dû laisser en France son nom, mais qui s'offusque surtout de voir repousser comme trop neuve ou trop hardie pour être praticable une solution que l'*Electeur libre* juge indigne de l'esprit réaliste, on dirait de nos jours du pragmatisme des Américains, il s'échauffe sur cet article. Enregistrons son texte, curieux à plus d'un point de vue :

L'esprit pratique américain ! mais c'est l'inverse, absolument l'inverse de ce que nous appelons l'*esprit pratique* en Europe, mes chers seigneurs ! Votre esprit pratique, en Europe, et par dessus tout en France, c'est la méticulosité, le culte de la routine, l'adoration des lieux communs, les routes faites, les chemins battus. Toute idée *neuve* vous effarouche. Si elle est *neuve* et *hardie*, elle vous fait peur ou vous fait rire. Vous n'en soufflez mot. Si vous en parlez, c'est pour la *débiner*. Si vous parlez de celui qui l'émet ou de ceux qui l'épousent, c'est pour les *blaguer*. « Blaguer et débiner », voilà les deux mots français par excellence.

Ah ! mes confrères, quel chapitre je pourrais faire sur l'esprit pratique comparé de la presse française et de la presse américaine !

Cet esprit pratique américain dont vous parlez tant, voulez-vous savoir d'un seul mot ce que c'est ? C'est l'audace !

Si vous saviez ce que font les Américains et comment ils font et travaillent, à l'avance, avant de connaître les résultats, c'est ces gens-là que vous traiteriez de rêveurs, d'absurdes utopistes, de fous fieffés, même de phalanstériens !

Ils ne repoussent rien d'emblée ; ils regardent tout en face ; le nouveau, loin de les effrayer, leur plaît ; l'impossible leur va, les attire, les excite, ils le réussissent. C'est le contrepied catégorique de l'esprit léger, dénigrant et superlativement timoré de votre esprit pratique français. Et voulez-vous savoir d'où cela vient ?

D'un bout à l'autre des Etats-Unis l'éducation active de la jeunesse, de toute la jeunesse, entendez-vous, repose sur trois mots, pas plus : *Think, go ahead, try again*. Ces trois mots, dont la valeur et la concision énergique sont intraduisibles en français, ne se rendent qu'imparfaitement par ceux-ci : Examine, entreprends, et, si tu échoues, recommence.

Votre éducation n'enseigne qu'à parler ; elle n'y

réussit pas toujours, et quand elle y réussit, c'est très souvent un malheur. L'éducation américaine y réussit toujours sans y viser, parce qu'elle apprend à penser et à agir.

Voulez-vous que je vous le dise, ô Français, Gaulois et Francs, petits-fils des grands audacieux du xviiie siècle. Depuis que Bonaparte vous a interdit de penser, vous êtes restés des lions au combat — c'est dans le sang — mais vous êtes des lâches devant les idées.

Victor Considérant n'était point un sot ; il avait fait abjurer aux Fouriéristes « les plus fortes excentricités de la doctrine primitive, comme les transformations merveilleuses de la nature ou des animaux et les nouveaux organes que devait revêtir, après quinze mille ans, l'humanité perfectionnée ». Mais il était demeuré assez utopiste pour proposer son plan de désarmement universel en Europe et se flatter de le faire aboutir. Les arguments sur lesquels il appuie l'adoption de cette « idée neuve » ne sont pas assez rigoureusement liés avec la conclusion qu'il en déduit, pour qu'il n'y ait point profit à les détacher et à les relire.

Il m'a donc semblé opportun de puiser dans la littérature de guerre éclose dans Paris assiégé en 1870 et cet éloge de l'esprit américain opposé aux timidités invétérées de la bureaucratie et de la routine et l'appel à l'union pendant la guerre et au delà que le « commerçant de la rue Réaumur » adressait aux Français de son temps. Il n'est pas jusqu'aux idéologies pacifistes de 1870, offertes comme une panacée sous les yeux amusés de l'ennemi, qui ne puissent servir de leçon toujours utile. Mais les plus profitables seront toujours celles qui invitent à ce persévérant et audacieux courage qui ne doit pas nécessairement rester l'exclusif domaine des Américains. Le *Selfhelp* qu'on admire chez eux dérive du vieux proverbe : *aide-toi, le ciel t'aidera*, que les premiers colons ont importé là-bas de Normandie ou d'Armorique, terres françaises.

9 avril 1917.

XXIV

DU RIDICULE A L'ODIEUX

On a dit de l'Allemand qu'il manque du sens de la mesure ; et que son goût du « colossal » traduit une méconnaissance instinctive des lois de la modération et de l'harmonie. Ce que Pascal nommait, dans un parallèle resté fameux, l'esprit de géométrie et l'esprit de finesse n'a rien à voir sans doute dans l'explication de certains phénomènes de « l'âme germanique », si tant est que les journaux d'outre-Rhin la puissent librement refléter.

La consigne, dès le premier étourdissement causé par le manifeste américain du 1er avril, a été de crâner à l'envi pour rassurer le peuple et conjurer les réflexions inévitables. On a donc vu reparaître la devise obligée qui avait servi déjà lors de l'entrée en ligne de l'Italie, puis des Roumains : « Ennemis plus nombreux, gloire plus grande ! »

La *Gazette de la Croix* vient de découvrir une formule plus grandiloquente et atteignant les limites de l'incommensurable. Loin de se plaindre du geste de l'Amérique du Nord, elle s'en félicite, « car, dit-elle, les Etats-Unis sont le seul peuple en état de nous payer une sérieuse indemnité de guerre. »

Tant de ridicule outrecuidance qui n'est pas destinée peut-être à l'exportation (car il est difficile que les neutres les plus déterminés, s'il en reste, avalent un pareil poisson d'avril), prouve une fois de plus que le sens du ridicule échappe décidément aux fidèles du *Deutschsthum*. L'Allemagne est donc, — qui le niera — trop au-dessus de l'humanité pour que le sens commun la comprenne. Il ne faudrait pas pourtant que des énormités de cette taille nous fassent prendre en pitié un peuple capable d'éprouver ou de souffrir ces sentiments insensés. Ce serait trop tôt fait de hausser les épaules et de dire : « Ces gens-là sont fous ».

Ce ridicule, même atteignant ces profondeurs, risquerait de faire oublier l'odieux et d'effacer ou d'atténuer l'impression d'horreur que la conduite des armées allemandes en retraite doit légitimement attacher à leur mémoire. Or, nous savons, par les mêmes « reptiles » habitués à siffler l'air qu'on leur indique, comment le peuple d'outre-Rhin a salué par des acclamations les récents exploits de son Hindenburg.

L'odieux uni au ridicule serait de céder à la manœuvre, si favorable aux Allemands, qui essaie de persuader que, le militarisme abattu et le Hohenzollern descendu de son trône, il ne reste plus qu'à oublier le passé. M. André Beaunier vient de dénoncer (*Echo de Paris*, 7 avril 1916) ce dangereux « sophisme ». « Très périlleuse niaiserie, et qui nous donne l'air de supposer que ladite Allemagne, opprimée par le roi de Prusse, empereur d'Allemagne, et par ses hobereaux, n'est allée à la guerre que malgré elle... contrainte et malheureuse, et nous aime, et nous détruit nos villes et nos villages le cœur navré. La réalité des événements s'accorde mal avec cette fiction si émouvante et saugrenue. Les atrocités commises, soit en Belgique, soit dans nos départements du Nord, soit en Serbie ou sur les côtes anglaises, les crimes des zeppelins et la piraterie, la dévastation du sol, le martyre infligé à la population civile, tout cela, qui est monstrueux, n'a suscité en Allemagne aucune objection. Si des critiques furent adressées au gouvernement de Guillaume II, ce n'est pas qu'on l'ait jugé trop dur à l'ennemi ; ce n'est pas sa barbarie que lui reprochent les bonnes âmes d'outre-Rhin, mais sa faiblesse. Et, pour l'ignoble coup de la *Lusitania*, les boutiquiers et les petits ménages, à Berlin, Munich et dans la province, ont illuminé.

« Entre Guillaume II et son peuple, au sujet de la guerre, et au sujet de la guerre atroce, nulle querelle : complicité. Si cette guerre était une entreprise des hobereaux, il y a longtemps que les hobereaux seraient balayés, depuis que l'entreprise ne réussit pas. Mais la guerre a été voulue, au moins consentie avec joie par l'unanimité allemande. C'était comme toutes les opérations allemandes, une affaire industrielle, et qui tentait la convoitise de la nation. La « Race de proie » cherche sa proie : elle croyait la tenir. Excellente affaire pour les capitalistes? Oui : et qui séduisait aussi les ouvriers. Si l'on en doute, on néglige ce manifeste qui date de quelques mois à peine, et par lequel l'union de tous les syndicats ouvriers refusait énergiquement de renoncer à la possession de l'Alsace et de la Lorraine, riches en minerais. Pour le seul bassin de Briey, le peuple allemand marche avec l'empereur et ses hobereaux. La guerre allemande, à son début, dans sa continuation forcenée, n'a pas été l'initiative d'une classe : toute la nation boche y est solidaire, animée d'un pareil sentiment de cupidité. C'est une sottise de raconter que nous sommes en guerre avec le militarisme prussien, quand nous avons à nous débarrasser de toute une Allemagne conjurée contre nous. »

Les bruits, d'ailleurs suspects, d'émeutes et de révoltes, dussent-ils prouver que la menace de la faim détermine un certain malaise populaire, « il n'y a, dit très bien le journal *Le Temps* du 9 avril, aucune apparence sérieuse d'un changement de neutralité et d'orientation... d'un peuple qui a suivi aveuglément un gouvernement de bandits... Les Allemands ont mis une sorte de monstrueux orgueil à convenir des crimes commis par les soldats... Et quand on objecte que la presse d'outre-Rhin, y compris celle d'extrême gauche qui a tenu ce langage, ne parle pas au nom de toute la population de l'Empire, nous demandons où et quand une seule voix allemande, fût-elle la plus humble, s'est élevée pour protester contre les abominations commises et pour flétrir des procédés relevant de la pire barbarie? Le cynique aveu du crime perpétré dans les régions de la Somme eut vraiment le caractère d'un défi à toute civilisation. »

Heureusement en effet, grâce à cette maladresse insigne qui nous a servis toujours contre les rêves naïvement ridicules jusqu'à l'odieux des théoriciens de l'avant-guerre, l'Allemagne continue de clamer sa solidarité avec le Kaiser et de multiplier les preuves de sa pensée intime. M. André Beaunier a raison d'écrire : « Si les Boches se repentent, nous le saurons. Provisoirement, nous savons qu'ils ne se repentent pas. Il n'y a pas, dans leur façon d'être, le plus petit commencement d'une petite indication de repentir. Alors, tandis qu'au lieu de se repentir ils mènent à la plus abominable férocité la guerre et les travaux de la guerre, il est absurde, absurde au moins, de prendre les devants et de nous préparer à la mansuétude. Il ne s'agit pas du tout de pardonner, ces jours-ci. »

Ce n'est pas en effet à l'heure où « les crimes s'accumulent » qu'il est opportun de servir « le rêve de Bernardin de Saint-Pierre » dont M. Renaudel a reconnu loyalement l'inopportunité flagrante.

Enfin, montrant à ces « doctrinaires merveilleusement fermés à toute réalité » que se laisser exalter par l'idée de la République allemande, c'est absoudre à bon marché de problématiques regrets, sinon faire le jeu d'hypocrites calculs, M. Beaunier ajoute : « Enfin supposez même qu'un jour le repentir — ou, plus exactement, la déconvenue — de l'Allemagne aboutisse à une révolution, chasse Guillaume II, son gouvernement et ses hobereaux : il n'en faut pas davantage pour que l'Allemagne ait votre absolution ? Tout aussitôt, ses crimes sont anéantis ? Vos morts vous semblent vengés ? Vos villes et vos villages, rétablis ? Vos ruines oubliées ? L'Allemagne s'en tirerait à bon compte. L'Allemagne nous a coûté une noble partie de notre jeunesse ; elle nous a torturés pendant des années ; elle nous a fait dépenser des milliards ; elle nous a mis en décombres plusieurs départements. L'Allemagne ? Non pas : son militarisme. Elle éconduit son militarisme, son roi de

Prusse empereur d'Allemagne : et vous qui déclarez la guerre aux rois et la paix aux nations, — il n'y a plus de roi — vous fraternisez avec la République allemande ? Le tour est joué : c'est l'Allemagne qui l'a joué. »

Ce serait une sinistre farce que d'oublier à ce point l'avertissement dénué d'artifice du « Camarade Sudekum » : « Il n'y a pas de militarisme allemand ». Oui, l'âme allemande s'est bien soudée avec le même rêve, avec l'appétit de tout conquérir et de tout asservir. Si les peuples d'outre-Rhin se consolent de l'entrée en guerre de l'Amérique par la pensée de l'indemnité de guerre que leur promet la victoire sur le monde entier, ils sont au maximum de la folie. Ils vont du ridicule à l'odieux lorsqu'ils applaudissent aux ravages scientifiquement exécutés, aux vols, aux destructions, aux sauvageries de leurs soldats. Mais plus méprisables et plus fous, plus cruellement odieux seraient les insensés que rassure le mirage d'une république de Scheidemann et la camaraderie des social-democrates que leur empereur est en train de flatter pour sauver sa mise. Du ridicule à l'odieux, il n'y a en certains cas qu'une nuance.

19 avril 1917.

XXV

COORDINATION

Comment s'organisera, la guerre finie, le travail collectif ou individuel des nations, obligées de continuer leur vie et de l'adapter aux conditions nouvelles ? C'est le secret de l'avenir et c'est aussi, en ce qui regarde la future carte de l'Europe, le souci professionnel des diplomates.

Le champ étendu de leur vision et l'ampleur de leurs expériences peuvent du moins trouver, dans les sphères plus modestes, des applications restreintes auxquelles, chacun selon notre emploi, nous pouvons tous rêver utilement. Que la fédération des peuples soit une des formes possibles ou probables des prochains horizons politiques, il n'est pas défendu d'en augurer l'espoir. Mais, en tout cas, ce qu'essaient de mettre sur pied les hommes d'État qui combinent aujourd'hui dans leurs conseils les données futures d'un Impérialisme qui donnerait satisfaction aux légitimes désirs d'autonomie des populations groupées en une large association, semble, à plus forte raison, opportun à chercher en matière de travail et d'industrie. La force des groupements puissants sera sans doute de réunir, sans en contrarier les organes essentiels, les créations déjà existantes, dont la fédération multiplierait la puissance mais n'altérerait pas la pensée initiale (1).

C'est peut-être une révolution ou du moins une évolution nécessaire qui fera découvrir et appliquer la conciliation entre les aspirations collectivistes trop aisément tyranniques et les ombrageuses susceptibilités des individus auxquels les liens d'une action commune font peur comme une entrave à la liberté de leurs mouvements.

M. Philippe Millet, à qui les choses d'outre-Manche sont familières, écrivait l'autre jour : « Les Russes ne sont pas seuls à avoir fait une révolution », et il exposait, dans *l'Œuvre* du 8 avril, quel fait nouveau et gros de conséquences était la formation, passée presque inaperçue du « Ministère des six nations » du domaine britannique, fonctionnant à Londres depuis le 20 mars et comprenant les représentants *responsables* du Canada, de la Nouvelle-Zélande, de l'Afrique du Sud, de Terre-Neuve et de l'Inde. « Et ce n'est pas, disait-il, une bagatelle dans l'histoire du monde que cette réalisation de l'unité politique et de l'Empire Britannique que ne tardera pas à compléter l'adhésion de l'Australie. »

Selon lui, et il n'a pas tort, on ira encore plus loin, et sir Robert Borden a raison de saluer

(1) Voir plus haut § XXI, p. 167 : *Unissons, n'unifions pas.*

dans ce grand événement la promesse « d'une nouvelle et plus grande République impériale ».

Nos amis les Anglais sont en train de trouver la formule selon laquelle se pourraient quelque jour révéler non seulement ces Etats-Unis d'Europe dont on a tant cité le nom depuis quelque temps, mais l'organisation de la paix future entre nations intéressées à réprimer d'avance les grands brigandages d'annexionnistes impénitents.

Le général Boër Smuts, membre de ce nouveau Cabinet « Interbritannique » si l'on peut risquer l'expression, a précisé le programme à poursuivre.

« Tout ce que nous voulons, dit-il, c'est le maximum de liberté, le maximum de développement autonome pour les jeunes nations de l'Empire et un appareil politique qui maintienne à l'avenir toutes ces nations réunies. »

Si nous remplaçons le mot empire, par Europe ou même par Monde, nous ouvrons carrière aux ambitieux desseins des diplomates chargés de remanier la géographie politique de la paix future? Mais n'est-il pas plus modeste et plus pratique aussi d'appliquer à des objets moins vastes et partant moins inaccessibles à nos efforts individuels la formule heureuse de cette conciliation entre l'autonomie et la poursuite commune de buts analogues. Qu'on imagine, par exemple, soit en matière d'entreprises industrielles, de commerce, de science appliquée, soit dans le domaine des créations à promouvoir pour donner à l'enseignement technique et professionnel son plein développement, pour réveiller de son marasme l'apprentissage dont l'affaiblissement compromettait notre ancienne maîtrise dans les travaux d'art et de goût, ce que pourra donner le principe de la fédération des multiples manifestations de l'initiative ? Au lieu de ces plans informes sortis des bureaux routiniers où rien ne se construit que d'après des précédents historiques souvent périmés par les circonstances (car les événements ne passent pas deux fois par une même route), on tirera des créations locales et adaptées, nées de besoins divers et imaginées, *vécues*, retouchées sous la poussée des besoins changeants de chaque région, le *maximum* de rendement, à condition de faire conspirer à un but général qui rassemble et dirige cette somme d'efforts la féconde variété qui est le signe et la condition de la vie. Nulle spontanéité ne pourra vivifier jamais les plans artificiels élaborés de haut et de loin ; nul accord, par contre, ne grouperait les entreprises individuelles que seule sauvera de l'isolement et de la dispersion l'entente établie entre leurs dirigeants, fédérés et unis pour le bien commun, sans aliéner leur nécessaire indépendance. Action coordonnée, mais non contrainte, telle doit être la devise de tous et de chacun.

16 avril 1917.

XXVI

ACCORD PARFAIT.

Les bons Français qui songent à l'avenir s'accordent de plus en plus sur les moyens de l'assurer. Reconstruire étant, ils le savent, l'unique remède aux maux de la guerre dont l'essence est de détruire, leur but est de relever l'édifice ébranlé ou compromis. La natalité préoccupe et à bon droit la pensée de ceux qui réfléchissent et qui de plus en plus voient dans la famille, la véritable ressource de la nation. *La famille*, tel fut le sujet des enseignements que donnait, à son diocèse de Versailles, dans son mandement de Carême, Mgr Gibier. *La Famille française* est le titre du dernier livre, si pénétrant et si courageux de M. Henri Lavedan. Mais il est plus instructif et plus consolant encore de constater que, même en dehors des œuvres écrites *ex professo* sur ce fondement incontestable des reconstitutions futures, tous les penseurs, même dans leurs travaux les plus divers, reviennent aux mêmes conclusions aboutissant toutes à fortifier le faisceau familial, à ranimer le foyer, ce symbole et ce centre de toute patri

La devise de la civilisation debout contre les barbares, *pro aris et focis*, serait sans signification durable si la désagrégation intérieure des éléments vitaux du pays poursuivait son œuvre néfaste d'avant-guerre, cette campagne intéressée où l'action allemande est enfin devenue si évidente.

Hier, c'était M. J.-H. Rosny aîné qui, dans un manifeste ému en faveur des institutrices, écrivait : « La déclaration de Mlle Milliard m'a pleinement satisfait... Elle veut combattre l'angoissante tuberculose, ce qui ne se peut sans combattre aussi l'effroyable alcoolisme. J'ai toujours compté, en ceci, sur l'aide des femmes. L'alcoolisme a failli détruire le foyer français ; il menaça sournoisement l'avenir de la race. Avec la tuberculose et le dépeuplement, il forme le « trépied » néfaste.

Et en appelant à l'influence de l'enseignement à tous les degrés contre les ennemis de la famille, l'écrivain attire l'attention sur le méritoire labeur qu'exige cette vocation d'instruire qui ne peut être un métier lucratif, mais demeure une nécessité sociale pour achever et continuer l'œuvre éducatrice de la famille ? « Pour un salaire dérisoire, continue-t-il, femmes et hommes accepteront la plus fatigante des tâches, la tâche qui ne finit jamais. »

Ce serait le cas, pour le dire en passant, de réclamer à ce propos, s'il était question d'exposer une revendication féministe qui mérite considération, la maxime : *à travail égal, salaire égal,* que la direction de l'Enseignement n'a pas encore trouvé de loisir d'appliquer à ses fonctionnaires. Mais revenons aux soucis généraux qui ramènent tout le monde à ce nœud de la famille, véritable cellule mère des peuples et seul espoir des avenirs prospères.

Dans son appel réitéré et motivé « *Pour que la France soit repeuplée* », le professeur Pinard, après avoir fait justice de la légende intéressée, chère à la propagande d'outre-Rhin, de la décadence « des facultés procréatrices » de notre race et montré les sources, « la source unique et volontaire » de la faible natalité en France, « demande, réclame de l'apathie prolongée des législateurs, l'application de leur devoir impérieux... urgent de protéger la puériculture ».

« Que demain, conclut-il, il y ait, de par une loi, sûrement intérêt et non plus charge pour les pères de famille à avoir des enfants, qu'une loi fasse qu'une naissance ne soit plus une cause de privations dans un ménage, *la France sera vite repeuplée.* »

La réforme des mœurs pourra-t-elle suivre celle des lois ou, suivant l'adage ancien, la législation ne sera-t-elle efficace que précédée d'une réforme plus intime, celle des *volontés* que n'atteint pas toujours l'obligation civile, ce sont là discussions que tranchera l'histoire. Ce qui demeure certain, c'est l'assertion du professeur Pinard : « Je crois n'être contredit par personne, écrit-il, en affirmant que seule la famille peut contribuer au peuplement d'une nation ».

C'est donc à la famille que vont et doivent aller toutes les sollicitudes, sur elle que se concentre à bon droit l'intérêt de tout citoyen que passionne l'angoissante et vitale question de la France de demain. Aussi la *Revue pratique d'apologétique* du 15 avril dernier a-t-elle été bien inspirée de joindre aux « Documents concernant la natalité » qui complètent un article antérieur sur ce problème dans ses rapports avec la Morale chrétienne, une liste des principaux groupements « formés pour lutter contre le fléau de la dépopulation ».

Puisqu'elles sont ensemble à la peine et au combat, il convient de les associer dans l'honneur d'une citation commune.

Indépendamment des associations à objet très général (comme la *Ligue française*) pour lesquelles la lutte contre la dépopulation n'est qu'un article d'un programme très chargé, indépendamment des sociétés locales, quatre ligues principales entrent en ligne de compte. Nous les citons dans l'ordre de leur fondation. Il va de soi que leurs programmes se ressemblent beaucoup. Toutes réclament pour les familles nombreuses à peu près les mêmes faveurs d'ordre fiscal, militaire ou autres ; aucune ne néglige l'action morale. Presque toutes font une œuvre d'assistance que les conférences de Saint-Vincent de Paul ont intérêt à connaître. Elles se distinguent par quelques nuances que nous essayons de signaler.

1° L'alliance nationale pour l'accroissement de la population française, reconnue d'utilité publique (1913), accessible aux officiers de la guerre et de la marine. Président : Docteur Jacques Bertillon. Siège : 10, rue Vivienne (IIe). Cotisation : Membre adhérent, 3 francs (rachat 100 francs) ; titulaire, 10 francs (rachat, 200) ; fondateur, 50 francs (rachat, 500 francs) ; bienfaiteur, à partir de 5.000 francs.

L'alliance publie un bulletin qui est probablement le plus important recueil documentaire sur la question. — Elle attache une importance particulière, d'une part, au rappel du devoir patriotique, d'autre part aux réformes législatives.

Elle distribue des allocations d'honneur de 50 francs aux familles honorables et peu fortunées, ayant au moins six enfants ou sept. Cf. *Corr.*, 1916, p. 136.

2° La ligue populaire des pères et mères de familles nombreuses (fondée en 1911). — Président : M. le capitaine Maire. Siège social : 141, rue de Paris, Saint-Mandé. Ligue gratuite ; cotisation facultative. Publie un bulletin (interrompu par la guerre) : 3 francs par an. La ligue ne groupe que les chefs de famille de trois enfants au moins et se propose avant tout de faire aboutir les revendications de ces « créanciers de la nation ».

3° *Pour la vie* (fondée en 1915. — Président M. Paul Bureau. Siège : 85, rue de Richelieu (II⁰). Cotisation : Membres adhérents, 2 francs par an ; actifs, 10 francs ; fondateurs, 50 francs (rachat, 500 francs). La ligue se place avant tout sur le terrain de la morale et vise « à réveiller dans les consciences le sentiment du devoir de la transmission de la vie ».

Elle est comme doublée par le journal mensuel *Pour la vie*, organe de propagande et de combat très vivant.

Dans chaque numéro, sous la rubrique : carnet de la solidarité, est lancé un appel en faveur d'une famille nombreuse, pauvre et intéressante, qu'un secours immédiat et important pourrait relever.

4° *La plus grande famille* (fondée en 1916). — Président : M. Auguste Isaac. Siège : 24, rue du Mont Thabor. Cotisation : Membres actifs, de 0 fr. 50 à 20 francs par an : membres bienfaiteurs, plus de 20 francs ; membres d'honneur, plus de 100 francs par an. — Ne peuvent être membres actifs que les chefs de famille ayant au moins cinq enfants. A la différence des précédentes, la plus grande famille ne se place pas complètement sur le terrain de la neutralité confessionnelle, en ce sens qu'elle « proclame la nécessité d'une éducation morale fondée sur la pratique du devoir et le respect de la religion ». Elle est à peu près de la nuance de la Société d'Economie sociale (le Play).

Elle publie un bulletin trimestriel (5 francs par an), dont le premier numéro vient de paraître.

Elle veut réagir contre l'isolement et l'inertie des chefs de familles nombreuses et leur inculquer l'esprit d'entr'aide et de *Selfhelp* à la fois. Le programme d'action est très vaste et pénétré de l'idée de l'interdépendance qui relie la natalité à tous les phénomènes économiques et sociaux.

L'effort de la France chez elle, de la France d'aujourd'hui préparant celle de demain, est la meilleure apologie à opposer au tableau fantaisiste qu'ont répandu à foison les ennemis intéressés à nous dénigrer. Il est aisé de voir que, chez nous, tout au contraire, on s'entend pour courir aux vrais remèdes et restaurer la famille avec un « accord parfait ».

20 avril 1917.

XXVII

MOISSON MURISSANTE

Rien de saisissant, pour qui récapitule l'histoire de cette guerre et les péripéties d'offensives qui ont tenté de percer le mur de l'occupation allemande, comme certaines coïncidences singulières auxquelles conduisent ces lectures d'histoire contemporaine. Le *Correspondant* du 10 avril dernier, paru le jour même où les communiqués annoncent la crête de Vimy conquise, offre matière à ces retours, ces revanches sur le passé mélancolique de tentatives avortées. « L'officier de légère » qui relate aujourd'hui ses impressions de la campagne d'Artois avait consigné dans ses notes du 24 septembre 1915 les vibrants espoirs qui avaient agité les âmes lors de la « scène impressionnante » de la mairie de Frévent, où le colonel avait expliqué les ordres pour la bataille du lendemain. Les instructions du corps d'armée étaient « d'enlever la crête de La Folie, longue crête boisée, puissamment organisée et garnie d'artillerie, en arrière de laquelle est situé le village de Vimy ».

Le lendemain, le carnet de guerre enregistre la

cruelle déception : « Tout est fini, je le sens, nous ne percerons pas ».

C'est fait pourtant, et la dramatique entrevue, si nettement contée, avec un capitaine d'artillerie qui, après avoir démontré l'impossibilité du succès immédiat, l'avait promis cependant, est d'une actualité saisissante.

« Nous passerons un jour, Monsieur. Dans un an, dans deux ans peut-être... Je ne sais, nous passerons quand nous aurons autant et plus de canons qu'eux. Rappelez-vous cela »...

S'il vit encore, l'annonciateur de la victoire n'en a pas été le témoin immédiat. De son secteur qu'il a quitté, occupé aujourd'hui par nos alliés d'outre-Manche, on n'en voit pas moins la crête de Vimy dégagée des prises formidables qui arrêtèrent l'élan du mois de septembre dernier.

Deux ans n'ont pas été nécessaires et si, une fois de plus, la moisson mûrie a vu d'autres ouvriers que les semeurs qui l'avaient confiée à la terre, les Canadiens auxquels revient l'honneur d'avoir emporté la redoute sont aussi heureux d'avoir libéré la terre de France, que les Français mêmes, autrefois arrêtés devant la falaise maintenant franchie.

Tous les survivants, tous les vainqueurs savent comment a mûri la victoire, de quel sang ont été engraissés les sillons : ils savent aussi qu'elle est due à un effort patient de tous. On a enfin compris que les usines de guerre, les travailleurs du ravitaillement, le tenace et obscur concours de mille volontés, éparses, semblerait-il de premier abord, mais tendues vers un but unique par une convergence obstinée, ont préparé cette avance dont le général Hindenburg peut de moins en moins expliquer le secret.

L'officielle *Gazette de Francfort* avoue « que la situation est sans précédent dans l'histoire de l'Allemagne » et parle « de dangers sérieux comme jamais la patrie n'en a couru ».

La possibilité de la défaite allemande est, pour la première fois, envisagée par un personnage officiel. On lit dans les *Dernières nouvelles de Munich* une interview sensationnelle du prince Léopold de Bavière, qui commande, on le sait, un important groupe d'armées sur le front oriental.

C'est à Munich, où il est en congé, que le prince a reçu l'interviewer auquel il a nettement déclaré qu'il fallait envisager la possibilité de la victoire des ennemis de l'Allemagne. Le prince a ajouté :

« Le peuple allemand ne doit pas perdre courage. Certes, les souffrances de la population sont grandes, mais il ne faut pas oublier qu'il s'agit pour nous de tenir : c'est une question de vie ou de mort.

« Nos sacrifices porteront leurs fruits.

« Et si, par une fatalité que je veux croire impossible, le malheur voulait que nous ne soyons pas vainqueurs, les souffrances actuelles de l'Allemagne seraient insignifiantes comparées à celles qui nous seraient alors imposées.

« Une guerre formidable comme celle que nous soutenons ne comporte pas de solution bâtarde. Si nous succombions, ce serait l'anéantissement pour plus d'un siècle de notre vie politique et économique.

« Il importe donc de résister jusqu'à ce que l'adversaire soit terrassé ! »

Faut-il se hâter de voir dans ces appels à la résistance désespérée des pronostics de la prochaine victoire ou seulement des pièges pour endormir la vigilance de ce front russe contre lequel retournera sans doute bientôt le prince bavarois ? On pourrait répondre hardiment : peu importe. C'est affaire aux Etats-majors de prévoir les surprises possibles. Ce qui appartient aux combattants des zones de guerre, comme aux ouvriers de l'arrière, est de faire mûrir la victoire par un labeur incessant.

De multiples hypothèses peuvent être envisagées comme conséquences de ce recul que l'Allemagne persiste à croire dû aux savants calculs de son général fétiche.

Peut-être Hindenburg a-t-il dessein de tenter en Lombardie une récolte pour l'heure où le blé des plaines italiennes renforcerait les maigres moissons qu'attend avec anxiété l'Allemagne.

« Avant l'Août » son offensive irait chercher là-bas « intérêt et principal », car la haine de l'Angleterre n'a pas dû faire oublier sa menace à Guillaume II, puisqu'il a promis à Victor Emmanuel de ne jamais lui pardonner son accession à l'Entente. La *Tribuna*, de Rome, disait naguères ses craintes, en cherchant à préciser dans quel sens l'effort allemand serait dirigé : « Nous avons émis l'opinion que l'ennemi pourrait bien s'attaquer maintenant à l'Italie. Cette thèse a trouvé un large écho dans la presse italienne. On a insinué que nous jetions l'alarme. Cet argument ne nous touche pas. Nous pouvons avoir confiance en la valeur de l'organisation de notre armée, mais cette confiance, devant la complexité du problème de la guerre, n'empêche pas que la coopération des alliés sur le front italien peut être utile, nécessaire même. Cette opportunité se conçoit au moment où l'ennemi concentre toutes ses réserves contre nous pour chercher la solution du conflit actuel. »

Nous ne ferons pas à nos alliés de l'Italie l'injure de trembler pour eux. Nous espérons que le plan de Cadorna déjouera celui d'Hindenburg, mais en attendant ces contingences de demain, nous poursuivons côte à côte avec l'armée anglaise, respectable et respectée, le progrès de cette avance qui libère chaque jour davantage le sol français.

L'ennemi qui ne le cède que ravagé selon les inoubliables méthodes auxquelles il devra et sa honte et sa perte, ne pourra l'empêcher de refleurir ni de revivre.

Les arbres coupés reverdissent : l'herbe a poussé pendant des siècles, effaçant les traces du premier Attila. Son malheureux copiste ne réussira de même qu'à laisser un nom plus odieux encore, sans tuer ses ennemis malgré sa rage ni récolter d'autre fruit de ses sursauts forcenés que de voir, avant de périr, le monde entier soulevé contre les siens. N'a-t-on pas remarqué, à propos de ce centenaire de Nicolas de Flue qui a rallié tous les légitimes orgueils du peuple suisse, que « l'horreur en face des dévastations allemandes... se manifeste par l'indignation contre la destruction des arbres fruitiers » ? (*Correspondant*, 10 avril 1917, p. 168).

Tous désormais sont forcés de convenir que la paix ne sera vraiment assurée que par la victoire et moins nombreux chaque jour sont les neutres qui hésitent (s'il en est encore) sur le camp qu'elle a choisi. Le « Dieu qui est la paix » dont parlait Nicolas de Flue, n'est pas ce Dieu dont Guillaume associe le nom à ses réactions impuissantes contre l'heure de la justice. La force réparera le droit dont la victoire en marche assure le règne.

23 avril 1917.

XXVIII

CRITIQUE ET JUSTICE

Il est trop aisé, mais souverainement imprudent et injuste de rejeter aussi bien que d'admettre en bloc les griefs allégués de part et d'autre par les belligérants. Cette attitude trop commode n'est point exempte de passion peut-être et par là manquerait à la stricte impartialité dont se réclament certains esprits, jaloux de se tenir sinon au-dessus, du moins le plus loin possible de la mêlée, comme si la mêlée ne pouvait pas quelque jour venir jusqu'à eux. Elle est au moins suspecte d'une sorte de paresse intellectuelle qui confine à une abdication morale dont personne n'aurait le droit d'être fier. Mais c'est, à mon sens, chez les belligérants eux-mêmes, alliés étroitement et victimes des atrocités commises, par suite exposés fatalement à être à la fois juges et parties, que l'esprit de discernement se montre le plus nécessaire. Exercer une critique sérieuse, patiente, exigeante des faits et des témoignages est un devoir de prudence souveraine et de justice aussi.

Pour illustrer cette affirmation générale, un

exemple tout actuel me paraît utile à mettre en lumière. La question de l'*usine aux cadavres* envahit aujourd'hui la presse, comme jadis la trop fameuse maladie du Kaiser, dont le « lancement » ne fut découvert que bien après coup, mais n'a point découragé les professionnels du « bourrage de crânes ». Tout ce qui est sensationnel et surtout macabre entre dans le domaine de la « grande information » où la critique perd tous ses droits. En vain, dès les premiers jours, avait-on prévenu les premiers lanceurs de cet écho des dernières « extrémités » allemandes que l'annonce sur laquelle ils édifiaient leur fantaisiste conjecture avait été mal comprise. M. Jean Brunhes, professeur de Géographie humaine au collège de France, avait fait remarquer, le lendemain du jour où le *Journal* publiait sa fameuse découverte, que l'institut de destruction des cadavres « Kadavervarnichtung » pour lequel l'annonce signalée réclamait de la main-d'œuvre, n'était qu'une maison d'équarrissage. On eût pu croire le « canard » tombé à l'eau. Malheureusement, il n'en fut rien : le cas était trop croustillant pour ne pas tenter les chroniqueurs qui se donnent le rôle de « soulever » l'opinion, et, soit hasard et fortune, soit plus vraisemblablement connivence intéressée de ceux que servent trop de semblables aventures, les détails circonstanciés décrivirent cette usine où l'on profanait les restes des soldats morts. Sur la foi d'informateurs anglais et d'agences officielles reproduisant la traduction d'un article de M. Karl Rosner, Allemand et correspondant du *Lokal Anzeiger* sur le front français, la macabre description fait le tour de la presse et le grave journal *Le Temps* lui donne place.

On ne prête qu'aux riches, et les Allemands ont commis trop d'erreurs et d'horreurs pour que rien de leur part puisse être qualifié d'invraisemblable. Mais c'est précisément parce que nous sommes assez pourvus de faits évidents et avérés que nous pouvons nous dispenser de ramasser les autres à leur charge. C'est justice d'abord, parce que même à de grands coupables on n'a pas le droit d'imputer ce qu'ils n'ont pas commis, de même qu'il est trop sommaire d'englober dans une même masse de réprobation un peuple entier dont tous les sujets certainement n'approuvent point les atrocités commises en son nom et parfois les ignorent. C'est prudence surtout ; car soyez sûrs que les tenants du pangermanisme regardent comme un excellent élément de défense toute allégation controuvée. Ils en ont semé de la sorte à plaisir dès les débuts de la guerre. La grande majorité des exécutions qu'on a pu démentir ensuite a été sciemment et de propos délibéré annoncée par les Allemands eux-mêmes. Ainsi ont-ils agi en Alsace et je tiens le fait d'un Français détenu plusieurs semaines dans son propre château, château historique et célèbre dans les annales de la guerre de 1870. Les vainqueurs du jour répandaient à profusion la nouvelle que tel prêtre du canton avait été fusillé, que le boucher du village voisin venait d'être mis à mort par eux. L'effet de terreur était produit ; les bruits sinistres circulaient, puis, les cas démontrés inexacts, les bons apôtres n'avaient plus qu'à conclure que tout ce qu'on disait de leur atroce conduite était calomnie pure. Les faits réels étaient discrédités d'avance. Grâce à ce mélange de vérités et d'erreurs, les plus authentiques témoignages deviennent suspects.

On a donc le droit de le confesser, sinon le devoir, il est heureux pour tous que les arguments dont se servent aujourd'hui les alliés de la Somme et de la Champagne soient de meilleur aloi que la propagande de nos journaux. Nos soldats du moins ne frappent que des coups qui portent. Il faut reconnaître au contraire que faute de critique, faute aussi parfois de liberté, l'information n'a servi souvent qu'à nous tromper sur la situation vraie de nos ennemis. Du fameux emploi des « cadavres » d'où l'on extrairait les lubréfiants et la stéarine, le commun des lecteurs simplistes conclura, espère-t-on, que l'Allemagne est à bout de souffle, que la famine la dévore. Il y a trop longtemps qu'on le lui dit; il n'y croit plus; et aujourd'hui des informations même sérieuses, deviennent non avenues, grâce à cette absence de critique qui a permis de berner l'opinion et l'a rendue justement défiante.

Mais que croyez-vous qu'aient pu penser de ces allégations sans base ceux qui constataient le contraire, sinon que nos affirmations sont sans valeur ? Si la fausse monnaie, comme on l'a dit, est un hommage à la vraie valeur de l'argent qu'elle imite, il ne reste pas moins qu'elle le discrédite et lui nuit pour peu qu'elle abonde. Et vraiment, il y a eu trop de « mélange » dans les charges accumulées contre nos adversaires. Ce fut double tort, parce que nous n'avions pas besoin d'être indulgents ni de chercher beaucoup pour n'admettre que des accusations prouvées, et surtout parce que l'Allemagne ne manquera pas, dans son hypocrite défense, d'assimiler les griefs solides aux fantaisistes allégations des réquisitoires sans critique. M. François Lebon écrivait, dans l'*Œuvre* du vendredi 20 avril, ces lignes de trop légitime protestation contre le « record des bourreurs de crâne » que j'ai pris comme exemple actuel des défauts de notre propagande : « Quand la calomnie s'exerce contre des innocents, elle n'est, en définitive, qu'odieuse. Quand elle s'exerce contre des criminels, elle est, par surcroît, imbécile. Les Allemands qui se seront lavés sans trop de peine d'une accusation injustifiée, en profiteront pour jeter ensuite la suspicion sur toutes les accusations les mieux prouvées que l'on pourra produire contre eux ».

Bien que coutumiers de cette méthode, ils y échoueront, mais dans l'espèce, il faut bien cependant enregistrer, comme l'a fait hier le *Temps*, le démenti, facile à prévoir, ainsi conçu : « Une note officielle de Berlin dément et qualifie de « répugnante » l'information de source anglaise d'après laquelle on utilise, en Allemagne, les cadavres des soldats tués pour l'extraction des matières grasses ». La note allemande ajoute : « Tout homme sensé sait que dans cette industrie ce sont des cadavres d'animaux qui sont utilisés ».

Ce rappel au bon sens est fâcheux pour ceux qui l'ont encouru, mais il ne fait que confirmer les premiers avertissements donnés dès le début de la tentative amorcée il y a quelques semaines. Aussi a-t-on le droit de conclure avec M. François Lebon : « Il reste bien quelque chose de macabre dans toute cette histoire, c'est le zèle des journalistes qui l'ont reproduite. Il reste aussi quelque chose d'écœurant, c'est leur ignorance de la langue qu'ils prétendent traduire ».

Si, par heureuse fortune, sortait de ces mésaventures une leçon de retenue pour les historiens qui, au jour le jour, instruisent, sans assez de précautions, le procès de nos adversaires, on pourrait applaudir à leur déconvenue. Faut-il l'espérer ? Et pourtant, comme l'écrivait à son bon droit l'auteur de l'article de l'*Œuvre*, « le rôle même de témoin comporte des charges et celui d'accusateur entraîne des responsabilités. Je veux que les Boches utilisent les cadavres des soldats morts, mais j'ai bien peur qu'ils les utilisent surtout pour leur propagande à l'étranger ».

Utilisons du moins le cas précis qui vient de nous démontrer la sagesse d'une critique sévère des allégations en cours. Il convient que l'on sache que ces emballements irréfléchis ne sont pas partagés également par tous ceux qui s'occupent des responsabilités de l'Allemagne et travaillent à rendre vains les efforts de sa propagande, même servis par des maladresses provoquées par elle. Tous les Français n'ont point palpité, lors de la campagne de presse mondiale qui nous montrait le Kaiser à l'agonie. Nombreux sont encore les esprits critiques et justes à qui la vérité démontrée suffit et qui attendent en pleine assurance la venue de l'heure qui paiera et pèsera les responsabilités, sans rien exagérer, sans rien craindre.

27 avril 1917.

XXIX

LA NOTE A PAYER

Est-ce l'approche pressentie du quart d'heure douloureux où les trompés et les battus se retourneront contre les responsables, qui fait souffler en tempête des vents contradictoires par delà le Rhin ? Pangermanisme et socialisme commencent à ne plus tomber d'accord sur les buts de guerre. La manœuvre de ceux qui tendent la perche à la Russie pour obtenir au plus vite la paix en criant : pas d'annexions, est dénoncée comme une trahison par les irréductibles. « Renoncer aux conquêtes et aux indemnités, disent les « conservateurs », c'est condamner nos soldats, retour du front, à la misère. Donc, il nous faut la victoire finale, suivie d'une forte indemnité de guerre. L'Amérique est riche ; qu'elle paie puisqu'elle s'est tournée contre nous ! — Vous nous la baillez belle, répliquent les désabusés. Pour la faire payer, il en faut venir à bout. Or, avant un an, elle versera sur nous ses contingents frais, comme a fait l'Angleterre, et nous serons écrasés. Traitons plutôt maintenant et sauvons le possible, puisqu'aussi bien, le fameux blocus par nos sous-marins rejoint les vieilles lunes passées : la conquête de Paris, celle de Calais et de Londres, puis la trouée de Verdun, bref mainte promesse avortée dont se nourrit, faute de pain, la population civile aux abois. »

Laissons-les se gourmer entre eux. Mais revenons aux vieux usages de chez nous pour n'accorder pas le bénéfice trop commode du *Bonnet vert* à ces *faillis* d'outre-Rhin qui, l'heure venue d'expier leurs méfaits, se déclareront, en larmoyant, ruinés et insolvables. Ce ne serait qu'un mensonge ajouté aux crimes. L'Allemagne peut èt doit payer ; les économistes et les financiers le démontrent et les articles de M. de Verneuil sur ce sujet sont concluants, pourvu qu'une fausse miséricorde qui serait une duperie, une cruauté et une insulte aux morts, n'autorise pas les battus à ne point payer l'amende.

A aucun prix il ne faut admettre qu'ils soient, comme on disait en notre législation ancienne, *cessionnaires*.

La cession était jadis un privilège et la consolation des honnêtes gens malheureux en affaires, du moins dans l'intention du législateur, car il advenait que les habiles, au détriment de leurs créanciers, en obtenaient le bénéfice, déposant leur bilan pour faire une faillite frauduleuse. « Le bénéfice de cession, notait Furetière, est remède des malheureux ; c'est aussi quelquefois une fraude des débiteurs de mauvaise foi. C'est pourquoi on ne l'accorde pas indifféremment et sans connaissance de cause. » On ne pouvait faire cession d'ailleurs que moyennant des lettres royales. Mais combien de vilains cas couvrent souvent le « fait du Prince », qu'il fut, de tout temps, si facile de circonvenir et sous tous les régimes ! Une fois la cession accordée, c'est-à-dire l'abandon fait juridiquement aux créanciers de ses biens, le débiteur insolvable se sauvait de la prison, mais non de l'infamie, qui l'atteignait et le suivait dans la vie par des signes visibles. Le cessionnaire était soumis à l'obligation de porter le bonnet vert, sous peine d'être déchu de la grâce fort relative qui lui avait été faite. Cette pratique, empruntée à la coutume de Laval, signifiait, disent les anciens auteurs, que le failli « était devenu pauvre par sa folie ». Cette coutume fut confirmée par un arrêt du parlement de Paris en 1582.

Boileau a célébré :

> d'un bonnet vert le salutaire affront,

traduisant en quelque sorte ce que les jurisconsultes avaient nommé *miserabile auxilium*, parce que le porteur de cette marque d'infamie échappait à la contrainte par corps et à la prison perpétuelle réservée aux insolvables. Les arrêts des Parlements contiennent souvent les détails les plus circonstanciés sur ces procédés destinés à prévenir le public et l'empêcher de contracter avec un « cessionnaire ». On avait cru devoir distinguer, dans le ressort de la juridiction de Rouen, entre ceux qui avaient perdu leurs biens par force majeure (feu, naufrage) et sans fraude, dispensés du bonnet vert, et les autres faillis. Ailleurs on ne tint aucun compte de ces différences pourtant sérieuses, et, disent les arrêts, « soit que les cessionnaires aient dissipé ou prodigué leurs biens, soit qu'ils les aient perdus par dol et fraude ou par cas fortuit, ils sont également tenus de porter le bonnet vert. Si le cessionnaire est trouvé sans bonnet vert, il peut être remis dans les prisons; et il est même obligé de le porter aux fêtes solennelles, sans chapeau par-dessus. »

On le voit, toutes les manières de tourner la loi sont prévues, et l'on a pris soin de déclarer que la qualité de gentilhomme ne dispense pas du bonnet vert. C'était l'égalité proclamée, bien avant la nuit du 4 août, en manière civile et criminelle. Pourtant la courtoisie amène les jurisconsultes à se demander si les femmes qui ont fait cession ne doivent pas être aussi condamnées à porter *chaperon vert*; et Brodeau, qui pose la question, conclut « qu'on a épargné cette honte au sexe ». Il est du reste conduit à constater que « la coutume est, pour tous, tombée en désuétude et qu'on n'exerce plus guère cette rigueur ».

Il n'en avait certes pas été toujours ainsi et les curieux détails fournis sur le cérémonial ancien de cette prise du bonnet vert manifestent l'importance sociale que nos aïeux attachaient à la bonne réputation, cette richesse préférable aux ceintures dorées.

« La cession, portaient les lois, doit être faite en personne et tête nue. Autrefois, ajoute Furetière, on faisait quitter la ceinture et les clefs en justice à ceux qui faisaient cession, parce que les anciens portaient à leur ceinture les principaux instruments qui leur servaient à gagner du bien, comme un homme de robe, son écritoire, le marchand, sa gibecière ou escarcelle ou le gendarme son épée ».

Cette sorte de dégradation civile sur laquelle l'auteur du Dictionnaire s'étend avec complaisance, il la fait remonter, suivant l'habitude de ses contemporains, au temps de Rome et des anciens Gaulois. Voici comment il décrit le cérémonial, selon lui, primitif par lequel on faisait cession en ces temps lointains :

Celui qui la faisait, écrit-il, ayant amassé dans sa main gauche de la poussière des quatre coins de sa maison, se plantait sur le seuil de la porte dont il tenait le poteau avec la main droite, et il jetait par-dessus ses épaules la poussière qu'il avait ramassée ; puis, se dépouillant tout nu en chemise, ayant quitté sa ceinture et ses houseaux, il sautait avec un bâton par-dessus une haie, donnant à entendre par là à ses parents et à ses créanciers qu'il n'avait plus rien au monde, et quand il sautait, tout son bien était en l'air.

Passons sur le symbolisme de cette cession ou renonciation à tout, qui se pratiquait, selon notre auteur, en manière criminelle. Il nous affirme qu'en manière civile, il suffisait de placer « une houssine d'aune ou un fétu de paille rompue sur le seuil de sa porte pour signifier qu'on abandonne tous ses biens »; et il serait parlé, dans la loi Salique, de cette cession *par le seuil et par le fétu*. Ne remontons pas si haut, et laissons aussi l'ingénieuse explication de la « pierre de scandale » instituée par Jules César pour remplacer l'atroce coutume de la loi des Douzes tables qui aurait permis aux créanciers de démembrer leur débiteur. La cession de biens imaginée par César, substituée à ces sanglants procédés, comportait un cérémonial grotesque, que Furetière rapporte avec conviction et dans ce langage de son temps qui avait un peu les privilèges du latin. Cette façon de parler, dit-il, à propos de l'expression pierre de scandale, « vient d'une pierre qui était élevée dans le grand portail du Capitole, où était gravée l'empreinte d'un lion, sur laquelle un cessionnaire criait à haute voix et tête nue : *cedo bonis*, sur laquelle on « le faisait heurter par trois fois à cu nud, et pour ce sujet elle était nommée la pierre de scandale, dès lors le cessionnaire était intestable et incapable de rendre témoignage. »

Il serait malaisé de garantir l'érudition de Furetière et des auteurs qu'il invoque. Bien que non dénué de critique, il insère, moyennant une très timide réserve, les renseignements les plus fantaisistes. Un exemple mérite, bien qu'étranger à la question des faillis au bonnet vert, d'être ici enregistré. Au mot *Navali*, que l'on cherche vainement du reste dans les encyclopédies, on lit ce curieux et bien incroyable morceau d'histoire naturelle :

Le Navali est un poisson extraordinaire qu'on voit aux Indes occidentales. Il est long de vingt pieds et gros de dix. Il a quelque ressemblance avec le bœuf et le cuir fort dur. Le Cacique Carametex en nourrit un vingt-six ans dans un lac. Il était apprivoisé et approchait quand on l'appelait. Il sortait même de l'eau pour aller manger à la maison et mangeait tout ce qu'on lui donnait de la main. Il jouait avec les enfants et se réjouissait quand il entendait chanter en musique. Il passait des hommes sur son dos de l'autre côté du lac et en portait dix tout à coup sans être beaucoup incommodé.

Furetière invoque la source d'où il a tiré son histoire : Herrera, liv. 5, chap. 2. Puis il ajoute seulement, pour se mettre en règle avec les vraisemblances : « Tout cela paraît bien fabuleux ».

En effet, le sensationnel amphibie ressemble fort au légendaire serpent de mer ou au remora qui paralysait les navires aux flancs desquels il s'attachait. Herrera, qui pratiquait sans doute la maxime : a beau mentir qui vient de loin, comptait sur l'humaine crédulité. Furetière a pu être victime de la même facilité de croire en tout ce qu'il nous a raconté des cessionnaires chez les anciens, mais il est du moins un témoin pour les coutumes de son temps.

Retenons surtout, pour n'être ni trop crédules aux allégations de nos ennemis, qui ne manqueront pas de se dire ruinés, ni trop faciles à leur accorder le privilège de payer à peu de frais, ce qu'il nous dit des exceptions faites de son temps à ce « bénéfice de cession ».

Le bénéfice de cession n'est accordé, écrit-il, qu'à ceux qui étant tombés en pauvreté, remettent de bonne foi leurs biens à leurs créanciers. *Les étrangers non naturalisés ne sont point reçus à cession.*

Nos pères se défendaient à bon droit contre les invasions en pleine paix dont nous avons su si mal nous préserver. Maintenant que nous en éprouvons les douloureuses suites, n'hésitons pas à exiger des coupables la satisfaction intégrale qui nous est due. Ce serait vraiment payer peu cher pour l'Allemagne que de se borner, après avoir sauté le fossé d'Hindenburg, à porter la note d'infamie. Il faut qu'elle paie et nous serions sots à la fois et coupables de l'en croire sur une insolvabilité commode et prétendue. La folie du pangermanisme qui a grisé ce peuple jusqu'à le rendre férocement ravageur, doit être expiée par lui à la sueur des générations futures. Il est temps que le proverbe dont les wallons frémissants ont fortifié leur attente sous le joug de l'oppresseur se réalise : « heure viendra qui tout paiera ». L'Allemand y mettra tout le temps et les efforts nécessaires ; mais il n'aura pas le loisir de se retrancher derrière de vaines excuses. Le moment de tout payer approche. Alignons les chiffres de l'addition à solder.

30 avril 1917.

XXX

EXPLOITS ALLEMANDS

De plus en plus nombreux chaque jour, et ce n'est point trop tôt, apparaissent les symptômes d'inquiétude. Bien peu s'étaient demandé au temps de la « guerre fraîche et joyeuse », alors que l'armée, comme une machine d'horlogerie admirablement montée, déroulait vers Paris ses anneaux ravageurs, ce qu'il en adviendrait de ces méthodes renouvelées d'Attila. Ou plus exactement la question trouvait d'avance sa réponse effrontée. « L'histoire, c'est nous qui la ferons ; le succès absoudra tout et, aussi bien, comme fléau de Dieu, notre empereur, chef invincible du peuple élu pour châtier les crimes, n'a de compte à rendre qu'à Dieu, et son Dieu l'inspire. » L'espoir de la curée tenait captives bien des langues et faisait taire la morale de l'Evangile, comme surannée et inapplicable aux grands gestes de la Kultur déchaînée sur le monde. La parole du Kaiser suffisait à rassurer les consciences de ces grands chefs de l'ancien Centre catholique devenus plus impérialistes que le reste du peuple. C'était le temps où les Cardinaux allemands dénonçaient à l'Empereur d'abord, au Pape ensuite, les « calomnies » de ceux qui osaient trouver que les destructeurs de Reims et de Louvain en faisaient vraiment trop. Les zélés d'Allemagne jugeaient qu'on en commettait trop peu encore, puisque la sainte terreur, abréviatrice de la guerre, et partant humaine par excellence, ne courbait pas assez un ennemi audacieux à l'excès, coupable de lèse-Majesté, puisqu'il « parlait mal du César allemand ».

Pour un peu, on les eût vus, comme les fanfarons d'impiété de notre vieux Regnier, dont la langue brave l'honnêteté d'un français trop prude, on les eût vus absoudre volontiers, leurs reîtres qui, lâchés dans nos églises,

Pissent au benoistier afin qu'on parle d'eux.

Mais ils ont fait pis que des étalages d'impiété ; ils ont mêlé leurs pratiques de religion à l'orgie et au crime. On a vu naguère les Bavarois, pendant le fameux repli stratégique d'Hindenburg, entendre la messe dans une église d'un village condamné à la destruction, puis, au sortir de là, brûler aux pastilles incendiaires l'édifice où venait de se consommer leur prière hypocrite. Comment l'expiation purifiera-t-elle tout cela ? Comment l'attitude des peuples envers l'Allemagne sera-t-elle réglée ? Problèmes et angoisses qui commencent à mettre en perplexité ceux qui réfléchissent. Ne serait-ce pas pour cela que, suivant certains bruits persistants, plusieurs des évêques allemands réunis à Fulda jugèrent opportun de flétrir quelques atrocités plus criantes ? La motion fut écartée par une influence cardinalice qu'il est superflu de désigner plus clairement, et le successeur des grands évêques qui gardent le tombeau de Charlemagne a fait avorter le projet. Mais il reste que nous n'en sommes plus au silence obstiné et tranquille par lequel fut accueillie jadis la lettre collective des évêques de Belgique adjurant leurs collègues d'Allemagne et de Bavière d'obtenir de leurs gouvernements une enquête sérieusement contradictoire sur les faits relatifs à l'invasion de leur patrie.

Tout se paie sur terre pour « les collectivités » coupables, et peut-être, en dépit des larges et étonnantes concessions arrachées aujourd'hui par la peur, parmi lesquelles figure au premier rang cette « rentrée en Prusse des Jésuites » que l'on n'espérait ni ne souhaitait bien profondément, peut-être quelque nouveau Kulturkampf succédera-t-il aux déconvenues qui se préparent. On saura peu de gré alors des complaisances et des aveuglements qui ont si étroitement solidarisé l'Église allemande à ce Kaiser, son espoir et son Messie, dont on vantait tant l'obstination à professer sa « croyance »,

Il a vraiment trop parlé de son Dieu, ce néfaste souverain qui se voit exposé aujourd'hui à devenir le bouc émissaire, après avoir été l'idole et « les délices » de son peuple. Déjà ses séides disparaissent tour à tour de la scène et les opprimés s'apprêtent à relire le traité de Lactance : *de morte persecutorum*. Ceux qui ont usé du glaive pour l'injustice seront et doivent être frappés, non moins que ceux qui ont autorisé, du moins par leur silence, leur iniquité.

La Belgique, au risque de passer sous un autre joug, respire à la pensée que le bourreau de son peuple, von Bissing, a comparu enfin devant un tribunal qui pèse tout et a rencontré cette « meule moulant terriblement menu » dont parlait un de ses officiers écœuré des massacres de la première heure. On a pu mettre en regard de la triste et sanglante histoire de son administration, pendant laquelle « dans l'intérêt des Belges » furent déportés les Fredericq et les Pirenne, arrêtée M⁽ᵐᵉ⁾ Carton de Wiart, exécutée Miss Cavell et expédiés en masse les prétendus chômeurs dont l'Allemagne emploie la main-d'œuvre, sa fameuse déclaration en 1914 aux troupes qu'il allait conduire en Belgique :

> Lorsque des civils se permettront de tirer, les innocents doivent périr avec les coupables ; les autorités allemandes ont dit, à différentes reprises, que l'on ne devrait pas épargner les vies humaines

dans la répression de ces faits, qu'il est regrettable que les villages florissants, même des villes entières soient détruites, mais cela ne peut laisser entraîner à des sentiments de pitié déplacée. Tout cela ne vaut pas la vie d'un soldat allemand.

C'est donc en vertu d'une doctrine hautement avouée que le reître von Bissing, type achevé du junker prussien, a froidement exécuté sa consigne de ruiner et d'asservir le pays dont la confiance de son empereur l'avait fait gouverneur général. Et c'est ce même exécuteur des basses œuvres de son maître, auteur impitoyable de tant d'assassinats atroces dont le *Berliner lokal Anzeiger* du 15 octobre 1915 vantait avec attendrissement la sensibilité. Le journaliste berlinois lui faisait un mérite d'avoir interdit « la mise en cage des oiseaux aveugles ».

En vérité, le grotesque le dispute à l'odieux chez ce peuple déformé par l'orgueil de sa « civilisation supérieure » et l'on en veut plus encore aux bourreaux d'être hypocrites que cruels. Le monde, soulevé de dégoût et d'horreur, condamne enfin unanimement cette fureur guerrière, si bien que plus d'un se demande aujourd'hui outre-Rhin ce qu'il adviendra des « rapports internationaux », et par suite de la prospérité allemande mise au ban des nations. A cette préoccupation répondait la tentative de Zurich. Mais ce nouveau « Kienthal » ne paraît pas avoir réglé la question à la satisfaction des auteurs de l'entreprise. C'est que, pour reprendre une conversation, même entre membres d'une même Eglise universelle, il faut autre chose que les dispositions apportées par les Erzberger et leurs complices. L'expiation ne se peut opérer en paroles, fussent-elles de regrets, ce qui n'est pas encore le cas.

Bismarck proclamait jadis à tous les échos sa théorie. Tout ce qu'il rêvait d'exécuter pour la grandeur de la patrie allemande devait aboutir « par le feu et le fer ». Il s'appliquait à tuer toute pitié et il a partiellement réussi ; mais la réaction était fatale ; et il n'est pas possible que les exploits allemands, véritables défis à la morale et au droit, soient oubliés moyennant quelques discussions autour d'un tapis vert.

Von Bissing, qui est mort sans avoir rien compris des résistances que rencontrait sa poigne de fer, disait que « le Belge est un rébus psychologique » et il s'étonnait béatement qu'il ne reconnût pas « la grandeur de l'œuvre accomplie par les Allemands ». La Prusse n'est point au bout des surprises que lui vaudra l'attitude des peuples des deux mondes. M. Ernest Lavisse citait hier dans *Le Volume* (21 avril 1915) de suggestifs fragments d'une lettre reçue de la Suisse allemande où est décrite la « mentalité » d'une Berlinoise à qui son voyage révèle bien des choses inattendues.

Mme N... est déconcertée par la colère qu'a suscitée en Suisse la guerre sous-marine... On l'accable de reproches ; on lui prédit qu'après la guerre le monde entier aura une telle rancune contre l'Allemagne que son commerce sera définitivement ruiné.

Pour avoir commencé de soupçonner ces résultats, une partie de la presse allemande, si disciplinée qu'elle soit, commence à donner une autre note que l'affirmation altière du blocus des Alliés par les sous-marins qui, avec le génial Hindenburg et sa stratégie, aidait à supporter la faim « jusqu'en mai ». Deux courants se dessinent et celui qui demande de ne pas tromper plus longtemps le peuple sur les réalités actuelles et futures prend de la largeur et contrarie singulièrement l'autre. L'Allemagne, au dehors, commence d'être connue sous son vrai jour. La vérité aussi, qui seule la délivrera, en l'amenant à expier des exploits maudits qu'elle aura lieu de maudire à son tour, filtrera de plus en plus à travers le tissu serré des mensonges qui emprisonne encore la pensée des « gouvernés » d'outre-Rhin.

9 mai, 1917.

XXXI

SUR UNE TOMBE FRAICHE

Il est des hommes dont la perte se mesure au vide que laisse leur disparition. Le Commandant Marcel Demongeot est de ceux-là. Actif toujours, jamais agité, silencieux, modeste, effacé presque, mais appliqué à un labeur intense et méthodique, ce malade, cet incurable, qui avait dû abandonner sa carrière, après avoir tenté en vain de reprendre, quand sonna la guerre, sa place en tête de son bataillon, abattait, au poste qu'il s'était assigné, une besogne énorme à laquelle n'eût pas suffi une santé robuste. Son énergie, maîtresse d'un corps ruiné, ne s'arrêta que trop tard, ne fut terrassée que par la mort, et jusqu'à la fin le Commandant Demongeot servit le pays qu'il aimait d'un amour si réfléchi. Ne pouvant plus être soldat, il semble avoir pris pour programme, et sans compter, ce mot d'ordre : « Il n'est point désormais d'entreprise plus urgente, plus attachante ni plus vraiment nationale que de s'employer, toutes autres occupations cessantes, au réveil économique du pays ». Ces paroles de M. André Lebon, ouvrant de si vastes horizons au travail, semblent avoir guidé toutes les pensées de l'ancien chef, de l'officier dévoué à son œuvre d'éducateur national, qui avait, durant toute sa carrière militaire, mesuré la portée sociale de son rôle. Convaincu que l'*Information universelle*, dirigée par M. Victor Margueritte, lui offrait le meilleur moyen d'être puissamment utile à la France, il s'était attaché, malgré d'incessantes souffrances, au labeur aride, mais fécond, d'organiser la victoire économique. Contraint au repos, croyant ne suspendre qu'un instant sa besogne, il est allé mourir au loin, laissant l'œuvre de ses derniers jours, comme la main du combattant frappé au cœur abandonne l'épée qui montrait la route de l'assaut aux hommes guidés par elle.

Il est mort, non tout entier cependant. Son esprit demeure, consigné dans un livre, plus vivant que jamais, écrit il y a quinze années déjà (1), dont toutes les maximes si hautes furent par lui vécues à la lettre. Cet ouvrage qu'on a nommé à juste titre le « Bréviaire de la nation armée », la guerre d'aujourd'hui en révèle la poignante utilité et il reste précieux à méditer pour l'après-guerre. L'auteur y revit, y survit tout entier ; mais il l'a résumé lui-même en quelques pages,

---

(1) *Citoyen et soldat.* — Paris, Flammarion [1902], in-12. Cf. plus haut § VIII, p. 57.

il y a sept ans, dans une conférence dont il importe de réveiller le souvenir. Publiée en 1910 (1), elle a pour titre: *L'Education de la solidarité dans l'armée*, par le Capitaine Demongeot, Instructeur à l'Ecole Normale Supérieure. Quelques phrases et une brève analyse de cette « leçon » si honorable au professeur et aux élèves sont le plus réel des éloges funèbres que puisse ambitionner un officier français.

« La discipline, l'initiative, la confiance réciproque entre chefs et soldats sont les qualités essentielles d'une armée démocratique.

Elles ne peuvent avoir pour fondement qu'un large esprit de solidarité. Faute de l'avoir compris, beaucoup de chefs militaires ont faussé la notion de la discipline en l'identifiant avec une sorte de passivité dans l'obéissance. Quelques-uns ont discrédité l'initiative en la confondant avec le droit anarchique de faire ce que l'on veut.

« D'autres enfin ont émoussé la confiance de leurs hommes en tentant de l'obtenir par une paternité de mauvais aloi qui ressemble à la fermeté bienveillante du chef tout juste comme une caricature ressemble au portrait.

« Il convient de remettre les choses au point ».

Et l'auteur l'a fait, redressant les notions, réhabilitant ces mots inexactement employés « par lesquels certaines idées justes risquent d'être com-

---

(1) Paris, Librairie militaire, E. CHAPELOT, in-12 de 19 p.

promises ». Habitué à réfléchir, à creuser la pensée, le Commandant Demangeot n'était pas exposé à se laisser prendre à cette « piperie des mots » dont parle notre Montaigne. Il déplore que l'emploi de certaines expressions passées dans la langue militaire, comme compagnies de discipline, locaux disciplinaires, etc... ait jeté une défaveur sur un mot qui, détourné ainsi de son beau sens originel, a produit parfois des confusions graves. C'est parce que certains ont cru et laissé entendre que pour eux « la discipline militaire est l'obéissance que les militaires doivent aux chefs et aux règlements », que l'idée de faute, de sanction, s'est liée au mot discipline et en a fait perdre le sens exact. C'est pour cela, dit-il, que « tel homme, tel groupe, tel parti, qui lutte de bonne foi contre la discipline militaire croit lutter seulement contre l'abus et la rigueur des châtiments disciplinaires ». Mais « discipliner veut dire enseigner et non réprimer ». Distinguant les deux notions d'obéissance et de discipline, le conférencier montrait, en face de l'obéissance, « adhésion, qu'il faut s'efforcer de rendre volontaire, à la règle commune », la discipline qui est proprement « la solidarité dans l'action en vue du but commun ».

Le même esprit d'analyse critique sépare la fausse initiative, droit prétendu d'agir à sa tête, de la vraie, qui est « la mise en action de toutes ses facultés pour aider à réaliser les intentions du chef. C'est la liberté dans le choix des moyens d'exécution tout en restant sous la dépendance de l'ordre donné en vue du but à atteindre ». En opposition avec la mauvaise popularité, est nettement définie la confiance, qui « est fonction de la valeur morale et professionnelle de chacun, de son intelligence, de son caractère ».

Mais ici je tiens à citer au long ces *novissima verba*, ces préceptes motivés d'un éducateur hors ligne qui eut la patience et la constance de les « éprouver » jusqu'à la fin.

« Elle consacre (la confiance) l'estime réciproque
« d'hommes qui ont compris les uns, le but de leur
« autorité, les autres le pourquoi de leur obéissance.

« La solidarité entre ceux qui ordonnent et ceux
« qui exécutent est donc bien le principe et le fon-
« dement de l'initiative et de la confiance ; mais il
« convient d'ajouter aussitôt que la solidarité réci-
« proque de tous ceux qui concourent à l'exécution
« de l'ordre donné en est la *condition*.

« C'est en effet parce qu'il a la certitude qu'au-
« tour de lui des initiatives parallèles et concou-
« rantes vont se prendre que le militaire peut et
« doit à tout instant faire acte d'initiative.

« Une troupe donnera en toute circonstance son
« maximum de rendement avec un chef qu'elle sait
« devoir la conduire bien et ne l'abandonner jamais.

« Le commandement ne s'exercera en toute li-
« berté d'esprit que s'il sait la troupe placée sous

« ses ordres prête à ne jamais trahir, par lassitude
« ou par mauvais vouloir, la réalisation de ses des-
« seins techniques. »

Il faudra relire, dans cette conférence si pleine
et suggestive, le détail des patients moyens d'obtenir le concours de ces trois facteurs primordiaux
de l'esprit militaire, discipline, initiative et confiance qui, ajoutait M. Demongeot, ne sont en
fin de compte que des aspects différents d'un même
sentiment de solidarité qui se traduit dans la pratique par l'apport intelligent de chacun dans son
action en participation avec les autres.

On y verrait les étapes de cette formation des
âmes qui n'est point l'effort d'un instant, mais
l'effet de cette longue patience sans laquelle rien
n'aboutit : *expliquer* la discipline au soldat, puis
l'*initier*, puis encore l'*associer* à la vie collective
de l'unité à laquelle il appartient. Après ces
phases, qu'il ne faut ni intervertir ni écourter, « il
sera temps alors de lui faire *pratiquer* cette solidarité dont tout ce qui précède n'aura précisément
eu pour but que de lui donner la *notion* ».

Judicieux conseils, éclairés par le besoin des
idées nettes, et qui révèlent l'âme qui les a traduits
en pratique. Un trait suffit en passant et c'est cette
simple phrase qui en dit si long : « Comment
enseigner la discipline ? Tout d'abord par l'exemple ». Et le professeur illustrait en effet sa leçon

de façon à montrer aux esprits les moins sensibles comment et pourquoi l'effort discipliné « aura toujours facilement raison de l'effort décousu, anarchique, c'est-à-dire impuissant ».

Comment ne point recueillir aussi cet avis d'un patricien si expert : « Presque toujours, écrit-il à propos d'échecs constatés, le mal est venu du désir de faire trop vite et de l'absence de cette éducation solidaire préalable dont tout ce qui précède a pour but de faire ressortir la nécessité ».

Le chef regretté qui avait tracé ce programme ne s'illusionnait pas sur les difficultés de la tâche ; jamais il n'en fut découragé. Le but lui semblait, et il eut raison, valoir la peine d'être poursuivi. Il voyait loin et visait haut :

« Faute d'un idéal commun, ce sont les intérêts
« communs qui relient les hommes entre eux. Il
« en résulte une sorte d'égoïsme collectif, produc-
« teur d'un faux esprit de corps, d'un étroit parti-
« cularisme d'arme, d'un hautain esprit de caste.

« L'esprit de solidarité remplacera ces déforma-
« tions dangereuses par l'émulation des groupes
« et la liaison des armes, tout en insufflant au corps
« entier des militaires professionnels un esprit de
« large pénétration sociale ».

Pénétré de sa mission éducatrice, le commandant Demongeot ne s'arrêtait ni à la caserne ni à l'armée ; il entendait que l'officier apprît à ses hommes à pratiquer la solidarité « dans toutes les circonstances de la vie, dans la famille, à l'école, à l'atelier ».

Sa voix ne prêchera plus ces doctrines ; son exemple reste, ainsi que ses écrits. A la place et mieux qu'un éloge sur sa tombe à peine fermée, ce qu'il a pratiqué et professé devait être relu. Le transcrire ici était pour moi un devoir d'amitié, un droit aussi, parce qu'ayant rencontré ce noble caractère, je lui dois cet adieu et cette preuve de profonde estime ; c'est une consolation dans la douleur de l'avoir si tôt perdu et la protestation légitime de l'âme contre le coup brutal qui sépare et disperse, mais ne peut rien pourtant contre les sympathies qui traversent les pierres tombales et ne sont pas à la merci des séparations d'ici-bas.

11 mai 1917.

TABLE DES MATIÈRES

Avant-Propos 7

    I. — Anniversaire (496-1916) 11
   II. — Une œuvre d'expansion économique . 17
  III. — Année nouvelle et vieux proverbes . . 23
  IV. — Légistes... et égoïstes 29
   V. — La réplique du droit 37
  VI. — Larmes et menaces 43
 VII. — Libérations 49
VIII. — Un livre actuel 57
  IX. — Le droit de servir 67
   X. — Légitime défense 75
  XI. — Quelques échos de la presse durant l'ancienne guerre 85
 XII. — Anticipations 93
XIII. — L'Allemagne en face de la vérité . . 103
XIV. — La traite des blancs 111
 XV. — Solutions complètes 119
XVI. — Entraîneurs d'âmes 127
XVII. — Unir 133
XVIII. — La rançon de la guerre 141
XIX. — La bonne besogne 147
 XX. — Le danger allemand et les leçons du passé 153

XXI.	— Unissons, n'unifions pas	167
XXII.	— Leçons de 1870	173
XXIII.	— L'esprit américain	183
XXIV.	— Du ridicule à l'odieux	195
XXV.	— Coordination	203
XXVI.	— Accord parfait.	207
XXVII.	— Moisson mûrissante	215
XXVIII.	— Critique et justice	221
XXIX.	— La note à payer	229
XXX.	— Exploits allemands	239
XXXI.	— Sur une tombe fraîche	247

Imprimerie Bussière. — Saint-Amand (Cher).

www.ingramcontent.com/pod-product-compliance
Lightning Source LLC
Chambersburg PA
CBHW070634170426
43200CB00010B/2025